© der Originalausgabe
»Charlotte Perriand«
First published by Editions Gallimard, Paris
© Editions Gallimard, 2019.
Alle Rechte vorbehalten.

© der deutschsprachigen Ausgabe
2020, Elisabeth Sandmann Verlag, München
1. Auflage
www.esverlag.de
Alle Rechte vorbehalten.
ISBN 978-3-945543-78-8

Übersetzung: Martin Bayer
Lektorat: Antonia Meiners & Heike Ochs
Gestaltung: Karin Miller
Herstellung: Peter Karg-Cordes
Lithografie: Jan Russok
Druck und Bindung: ForPress, Nitra

Laure
Adler

Charlotte
Perriand

Ihr Leben als moderne
und unabhängige Frau

Designerin,
Fotografin,
Visionärin

ELISABETH
SANDMANN
VERLAG

»Nichts ist trennbar, weder
der Körper vom Geist, noch
der Mensch von der Welt, die
ihn umgibt, noch die Erde
vom Himmel.«

Inhalt

5

Vorbemerkung
von Arthur Rüegg

**Die Zeit der
Rue de Sèvres**

Charlotte Perriand, fotografiert von Pierre
Jeanneret in der Atelierwohnung an der
Place Saint-Sulpice. Le Corbusier hält ihr
einen Teller als Heiligenschein hinter
den Kopf, 1928

In der nun erstmals auf Deutsch vorliegenden Lebensgeschichte von Charlotte Perriand begegnen wir einer außergewöhnlich vitalen, kreativen, lebensfrohen und bis ins hohe Alter aktiven Frau. Doch obgleich sie eine herausragende Gestalterin, Designerin, Architektin und Fotografin war, hat es gedauert, bis sie die internationale Wertschätzung erfahren hat, die ihr nun zuteil wird. Ich bin Charlotte Perriand mehrfach selbst begegnet und möchte in diesem kurzen Vorwort für deutsche Leserinnen und Leser unter anderem auf ihre Verbindung zu Walter Gropius, zum Bauhaus und zu Deutschland eingehen, wobei diese weniger eng ist, als man vielleicht denken könnte.

Mitte der 1970er Jahre habe ich beschlossen, meine Auseinandersetzung mit Le Corbusier auf die Möbel- und Interieur-Entwürfe zu konzentrieren. Ich besuchte Jacqueline Jeanneret – die Nichte und Erbin Pierre Jeannerets – wiederholt in Genf. Sie war es, die mir und einem Freund im Mai 1977 eine Verabredung mit Charlotte Perriand ermöglichte. Wir trafen uns im Atelier und aßen anschließend in ihrer hoch über der Rue du Bac gelegenen Wohnung im 7. Arrondissement in Paris. Die Grande Dame des französischen Designs, vierzig Jahre älter als ich, beeindruckte mich enorm. Mit der Planung der Skistation Les Arcs beschäftigt, war sie immer noch voller Schaffenslust. Allerdings sagte sie zum Abschied auch: »Sie müssen sich beeilen…« In Wirklichkeit hat sie dann noch zweiundzwanzig Jahre lang weitergelebt und gearbeitet.

Die Diskussion drehte sich zunächst um die Stahlrohrmodelle von Le Corbusier–Jeanneret–Perriand aus den Jahren 1928/29 und um die Details des Stands auf dem Salon d'Automne 1929, dessen Pläne ich anschließend anhand der vielen vorhandenen Fotos und der wenigen erhaltenen Skizzen rekonstruierte. Die Zeichnungen bildeten übrigens den Ausgangspunkt für die kürzlich in der *Fondation Louis Vuitton* gezeigte beeindruckende Nachbildung dieser epochalen Installation. 1987 beriet Charlotte Perriand mich bei der Präsentation von sechs Interieurs auf der großen Le Corbusier-Ausstellung im Centre Georges Pompidou, zu der sie originale Möbel und Ausführungspläne beisteuerte. Auch bei weiteren Besuchen war Charlotte Perriand bereit, gut vorbereitete Fragen zu ihrer Vergangenheit präzise zu beantworten, obwohl sie eigentlich lieber in die Zukunft blickte: »Vor einem schönen weißen Blatt Papier wäre ich gerne nochmal zwanzig.«

Noch Ende der 1970er Jahre war Charlotte Perriand auch in Frankreich nur einem kleinen Zirkel von Eingeweihten bekannt, die ihre Möbel auf Flohmärkten noch zu vernünftigen Preisen erstehen konnten. Es waren nicht zuletzt Forscherinnen und Forscher aus dem Ausland, die sich für Perriand zu interessieren begannen und den Weg für ihre Entdeckung vorbereiteten.

In Deutschland war Charlotte Perriand zwar schon 1928 in Stuttgart auf der Ausstellung »Der Stuhl« vertreten; ihr *Fauteuil pivotant* hat es sogar auf das Cover der gleichnamigen Publikation geschafft. Dann wurde sie aber ab 1927 Teil des Trios Le Corbusier–Jeanneret–Perriand, dessen Kreationen nach dem Zweiten Weltkrieg unter der alleinigen Signatur Le Corbusiers verkauft wurden. Mit anderen Worten: ihr Name tauchte in Bezug auf ihre Entwürfe entweder nicht mehr auf oder nur im Zusammenhang mit Le Corbusier und seinem Büropartner Pierre Jeanneret, wobei Le Corbusier zweifellos den bekanntesten und damit auch kommerziell bedeutsamsten Namen hatte.

1946 aus dem Fernen Osten zurückgekehrt, musste Charlotte Perriand nach ihrer langen Abwesenheit von Europa praktisch von vorne beginnen. Zur Unsichtbarkeit des Namens kommt, dass heute die Wirkung von ephemeren Präsentationen schnell verpufft. In der Schweiz erinnert sich kaum jemand an die von mir kokuratierte Schau »Charlotte Perriand – Designerin, Fotografin, Aktivistin«, die 2010 im Museum für Gestaltung Zürich stattfand. Selbst in Frankreich trifft man auf erstaunte Gesichter, wenn man die erste große Ausstellung im Centre Georges Pompidou (2005/06) erwähnt. Es brauchte wohl eine gewisse Zeit, bis die kumulierte Wirkung einer Vielzahl von Publikationen, Reeditionen, Präsentationen und nicht zuletzt die Ikonisierung der exorbitant teuren Originale ihre Wirkung entfalteten – nicht nur in Frankreich, sondern auch in Deutschland und in der Schweiz. Die fulminante Ausstellung und Werkschau, die die *Fondation Louis Vuitton* 2019/20 in Paris präsentierte, war jedenfalls ein Publikumsmagnet und zeigte, wie groß das Interesse an Leben und Werk dieser Frau heute ist. Vielleicht ist also endlich die Zeit gekommen, Charlotte Perriand als innovative, starke Frau zu würdigen.

Die deutschen Leserinnen und Leser wird die Frage interessieren, ob Charlotte Perriand von Gropius und dem Bauhaus inspiriert war. Nun, in ihrer im Jahr 1998 erschienenen Autobiografie *Une* vie de création kommt das Bauhaus kaum vor. Sie erinnert sich jedoch an die Leistungsschau des Deutschen Werkbunds auf dem Salon des artistes décorateurs in Paris, die 1930 viel Staub aufgewirbelt hat – nota bene im Jahr nach der Präsentation ihrer eigenen, zusammen mit Le Corbusier und Pierre Jeanneret entworfenen Möbel auf dem Salon d'Automne. Damals fand in der deutschen Botschaft eine glanzvolle Soirée statt, bei der sie zum ersten Mal mit dem ehemaligen Bauhausdirektor Walter Gropius zusammentraf – nur um dann die Party vorzeitig zu verlassen und zusammen mit Fernand Léger und Pierre Jeanneret durch die Nacht zu ziehen. Im Jahr darauf machte Charlotte Perriand auf der Reise nach Moskau einen Umweg, um Deutschland mit eigenen Augen zu sehen. Nach der Stuttgarter Weißenhofsiedlung (gebaut unter Leitung von Mies van der Rohe) besuchte sie die neuen Sozialbauten der Stadt Frankfurt, wo sie einen Kulturschock erlebte: die funktionelle Effizienz des durchaus den späten Bauhaus-Idealen entsprechenden Budge-Altersheims – »keimfrei, effizient, ultrarein, entmenschlicht« – ließ sie schlicht erschaudern. In Berlin – wo sie Gropius nicht traf – war sie hauptsächlich von der schieren Menge hungernder Menschen beeindruckt. Es ist schwer, konkrete Einflüsse ihrer Deutschlanderfahrungen nachzuweisen, es sei denn bezüglich ihres immer stärker werdenden sozialen

**Die Zeit der
Rue de Sèvres**

Le Corbusier, Charlotte Perriand, Djo-
Bourgeois, Jean Fouquet und, in der zweiten
Reihe, Percy Scholefield, fotografiert von
Pierre Jeanneret in der Atelierwohnung an
der Place Saint-Sulpice, 1928

Ihre Grunderfahrungen machte sie zunächst auf den eleganten Salons in Paris, dann am Meer und in den Alpen, später in Japan.

Engagements zugunsten der notleidenden Bevölkerung. Die minimalistischen Wohnkonzepte Charlotte Perriands wuchsen jedenfalls auf dem Boden des von Le Corbusier längst von der Industrie auf den Wohnungsbau übertragenen Taylorismus, und die relativ komplexe Konstruktion ihrer Stahlrohrmöbel ist nur vor dem Hintergrund ihrer Herkunft aus dem französischen Art déco zu verstehen, wo das luxuriöse Einzelstück im Vordergrund des Interesses stand. Die Vereinfachung und Vereinheitlichung der konstruktiven Details, wie sie in Deutschland im Hinblick auf eine Serienfertigung betrieben wurde, war somit kein Thema; die vom Team Le Corbusier-Jeanneret-Perriand eingesetzte Konstruktionsweise zielte primär auf die Zeichenhaftigkeit spezifischer Formen. In Frankreich träumte man zwar von der Industrialisierung, aber der Boden für eine über Kleinserien hinausreichende Produktion von Stahlrohrmöbeln war keineswegs vorbereitet. »Für das Publikum waren das Chirurgenmöbel«, wie Charlotte Perriand lakonisch meinte. Auch Le Corbusier hatte bis 1927 noch keine eigenen Sitzmöbel aus Stahlrohr vorzuweisen; er setzte damals noch auf präzise ausgewählte anonyme Möbeltypen. Auf der Stuttgarter Weißenhofausstellung bekam er dann den gewaltigen Rückstand auf die Deutschen und Holländer – und nicht zuletzt die Konkurrenz des Bauhauses – deutlich zu spüren. Unmittelbar nach seiner Rückkehr engagierte er Charlotte Perriand, um mit ihr zusammen diesen Rückstand aufzuholen.

Der junge Le Corbusier war bereits 1910/11 mit dem Auftrag der Ecole d'Art von La Chaux-de-Fonds unterwegs gewesen, um das deutsche Kunstgewerbe zu studieren. Zweifellos machte das Deutschlandjahr den folgenreichsten Abschnitt seiner Ausbildung aus. Im Büro von Peter Behrens entdeckte er die werkbundgemäß-undekorierte Form, die von der harmonischen Proportionierung lebt. In Berlin wurde der Mediävist Charles-Edouard Jeanneret – so der bürgerliche Name Le Corbusiers – zum Klassizisten. Der Kunstgewerbler bewunderte Deutschland als innovative Produktionsstätte, doch blieb für ihn das lethargischere Paris die Heimat der Kunst. Während der Entwurf seines 1912 in La Chaux-de-Fonds erbauten Elternhauses noch dem deutschen Neobiedermeier verpflichtet ist, dokumentiert der Innenausbau bereits eine bewusste Hinwendung nach Frankreich. In der Folge waren nicht mehr München oder Berlin die wesentlichen Bezugspunkte, sondern Paris. Alle Werke Le Corbusiers weisen allerdings einen hohen Grad an »Intertextualität« auf – das heißt, es lassen sich in jedem Fall zahlreiche sich überlagernde unterschiedliche Einflüsse ausmachen.

Die rund sechzehn Jahre jüngere Charlotte Perriand hatte einen anderen Werdegang. Als brillante Studentin war sie voll ins Pariser Art déco eingebunden, bevor sie 1927 mit Le Corbusier

Die Zeit der Rue de Sèvres

Charlotte Perriand und Alfred Roth in der Atelierwohnung an der Place Saint-Sulpice, 1928

Charlotte hatte ihren eigenen Werdegang und eine starke eigene Vision.

und Pierre Jeanneret zu arbeiten begann. Ihre Grunderfahrungen machte sie zunächst auf den eleganten Salons in Paris, dann am Meer und in den Alpen, später in Japan. Kurz nach dem Ersten Weltkrieg war das Interesse an der deutschen Lebensart jedenfalls nicht sehr groß. Noch 1931 machte sich das Trio Le Corbusier–Jeanneret–Perriand auf der Internationalen Raumausstellung Köln (IRA) einen Scherz daraus, die Seriosität des »Esprit du Bauhaus« auf die Schippe zu nehmen, indem sie einen aus billigen Kunstseidevorlagen zusammengesetzten Teppich als teures Original ausgaben und dementsprechend hoch versichern ließen.

Zu dem schon im 19. Jahrhundert spürbaren Eindruck von Fortschritt und beschleunigter Veränderung war nach dem Ersten Weltkrieg der gefühlte Verlust aller bisher gültigen Werte und Prinzipien hinzugekommen. Den Avantgarden in ganz Europa war die Sehnsucht nach einer neuen, freieren Lebensform gemeinsam. Mechanisierung und Standardisierung entsprachen allenthalben den Vorstellungen von Gleichheit und Gemeinschaft; die »neuen« Materialien Stahl und Glas standen für die Vision eines durch die Industrialisierung beförderten Fortschritts. Diese Grundwelle der Erneuerung vermochte aber die Mentalitätsunterschiede der verschiedenen Kulturen nicht einfach wegzuwischen. Als Le Corbusier und Pierre Jeanneret 1927 auf der Stuttgarter Weißenhofausstellung beispielsweise ein Badezimmer ohne vollständigen Raum-

abschluss präsentierten, hielt ihnen ein deutscher Kritiker entgegen, man müsse »schon ein unmoralischer Bohémien sein, um es auch nur zehn Tage in einer solchen Wohnung auszuhalten«. Selbst das Bidet war – zumindest in der Erinnerung von Charlotte Perriand – in Deutschland unbekannt und soll deshalb als WC missbraucht worden sein. Die Reaktion auf das Eindringen der peinlichen Gegenstände in das von der Wohnung verkörperte Bewusstsein ist nur ein Indikator für die unterschiedlichen Konzeptionen des Lebens und des Wohnens in den beiden Ländern.

Letztlich wichtiger als Deutschland war für Charlotte Perriand der Einfluss Japans. 1940-42 arbeitete sie auf eine Einladung des Ministeriums für Handel und Industrie hin als Beraterin des Kôgei Shidôsho, einer Art Forschungszentrum für Designfragen. Vor ihr hatte Bruno Taut 1933-36 in Japan gewirkt, und Absolventen des Bauhauses wie der Fotograf und Architekt Iwao Yamawaki verbreiteten das Gedankengut der von Walter Gropius gegründeten Hochschule für Gestaltung in ihrer Heimat. Charlotte Perriand wollte über den von Yamawaki propagierten Funktionalismus – den sie mit der Bauhauslehre gleichsetzte – hinausgehen und die Sinne des Menschen ins Zentrum der Entwurfstätigkeit stellen, »das Sehen, das Tasten und sogar das Hören«. Ihr Einfluss auf die japanische Designszene war schließlich ebenso groß wie umgekehrt die Veränderung ihrer eigenen Arbeit durch die intime Kenntnis der traditionellen japanischen Materialien und Techniken.

nächste Seite: Charlotte Perriand ausgestreckt auf der *Chaise longue basculante*, 1930

Das Design spielte bei der Modernisierung Japans eine wichtige Rolle. Deshalb hatte das Ministerium bereits 1928 das erwähnte Kôgei Shidôsho gegründet. Das Institut untersuchte die Verbindung von zeitgemäßen Technologien mit traditionellen japanischen Techniken im Hinblick auf die Produktion alltäglicher Gegenstände aus Holz, Bambus, Metall und Lack. Es gab die Resultate seiner Forschungen an die regionalen Handwerker weiter, um auf diese Weise konkurrenzfähige Exportartikel zu generieren.

1954 besuchte Gropius Japan im Zusammenhang mit der Ausstellung »Gropius und das Bauhaus« und traf dort auch Charlotte Perriand, die 1954/55 erneut in Tokio weilte, um neue Serienmöbel zu entwickeln und für das Warenhaus Takashimaya die programmatische Installation »Proposition d'une synthèse des arts, Paris 1955, Le Corbusier, Fernand Léger, Charlotte Perriand« vorzubereiten. Im Rahmen der Internationalen Kongresse für Neues Bauen (CIAM) waren sie davor bereits häufiger zusammengetroffen. Gropius und das Bauhaus waren weit über die Grenzen von Deutschland hinaus stilbildend geworden und somit zweifellos auch für die junge Architekturszene in Frankreich eine wichtige Referenz. Aber Charlotte hatte ihren eigenen Werdegang und eine starke eigene Vision. Wie sie diese gegen vielerlei Widerstände durchsetzte, ein unabhängiges Leben lebte und Großes schuf, zeigt das vorliegende Buch.

Arthur Rüegg

Charlotte Perriand (rechts) auf dem
Dach der *École de l'Union centrale des
arts décoratifs,* um 1923

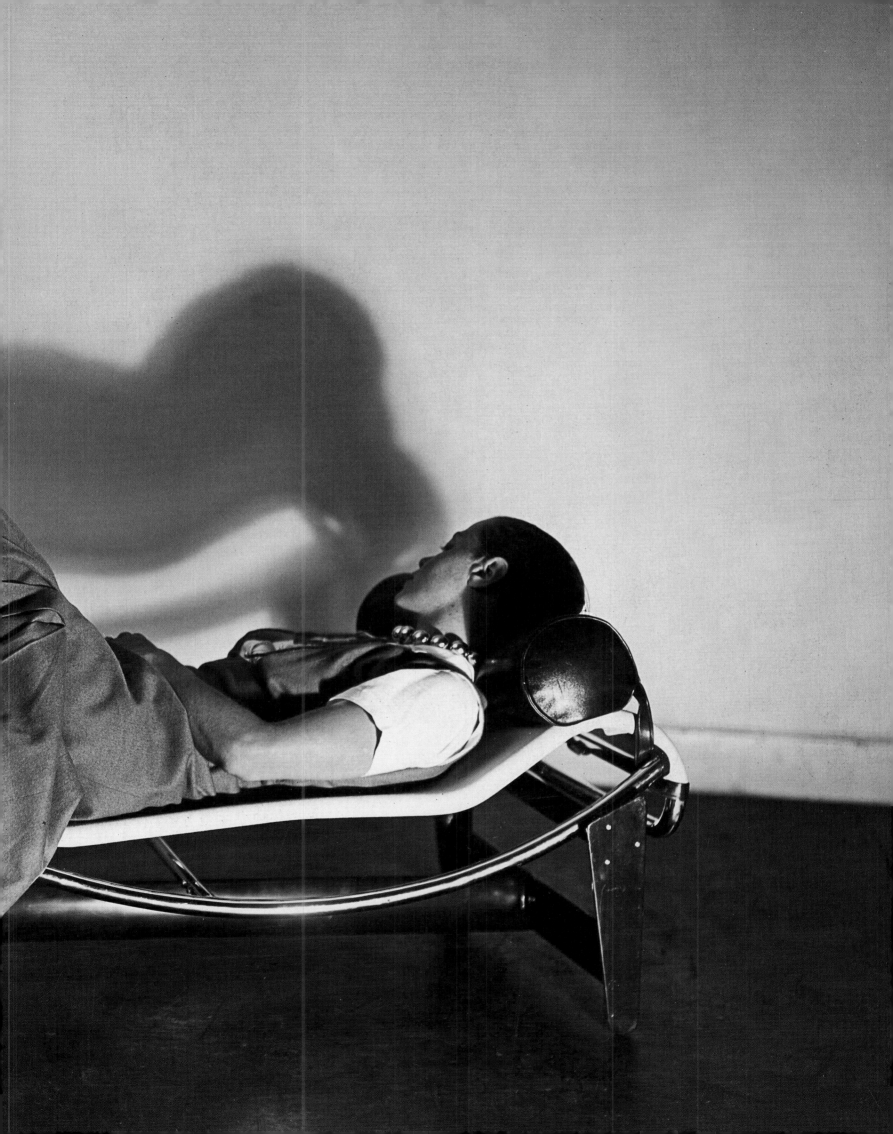

Einleitung

**Die Zeit der
Rue de Sèvres**

Charlotte Perriand und Le Corbusier
diskutieren am Fenster der Atelierwohnung
an der Place Saint-Sulpice, 1928

Charlotte die Träumerin.
Charlotte die Utopistin.
Charlotte die Kämpferin.
Charlotte die Großzügige.

Fragt man Fachleute für Architektur und Design, ob sie Charlotte Perriand kennen, antworten sie ein wenig konsterniert, so, als halte man sie für Ignoranten, »aber sicher, natürlich…«. Architekturneulinge hingegen, auch wenn sie Kunst und Kultur lieben, haben selten von ihr gehört. Allenfalls verbinden einige von ihnen den Namen mit Schlagworten wie Klarheit und Einfachheit.

Es geht hier nicht darum, Charlotte Perriand zu entdecken. Immerhin ist sie eine der seltenen Gestalterinnen, die schon zu Lebzeiten und auch nach ihrem Tod mit großen Retrospektiven geehrt wurden, und zwar weltweit in den angesehensten Museen. Außerdem ist sie, zusammen mit Jean Prouvé, die meistverkaufte Designerin in Antiquitätenläden und bei den großen Auktionen in Seoul, London, New York und natürlich Paris. Es kann nur darum gehen, sie aufs Neue bekannt zu machen.

Es gibt zwei mögliche Erklärungen – nicht Rechtfertigungen! – dafür, dass der Name Charlotte Perriand heute selbst in Frankreich, ihrem Heimatland, nur noch Spezialisten etwas sagt: Erstens gilt Design in Frankreich, anders als in anderen europäischen Kulturen, noch immer nicht als große Kunst, und zweitens – auch wenn das banal klingen mag – sind Frauen, auch Künstlerinnen, immer die Vergessenen der großen Geschichte. Darüber hinaus ist ihr Name, wie in der Vergangenheit so oft bei kreativen Frauen, mit dem eines Mannes verbunden, der ihr Werk, vorsätzlich oder nicht, dem seinen einverleibt hat. Die Verbindung ist, wie meistens, kompliziert. Bei dem Mann handelt sich um Le Corbusier, der Geschichte nicht nur im Bereich der Architektur, sondern auch der Innenarchitektur und des Designs geschrieben hat. Anders als Charlotte Perriand ist er bis heute allgegenwärtig, wenn auch seine Persönlichkeit umstritten ist. Unbestritten ist er als Genie. Während sich Charlottes Nachwirken nur zögernd der Kunstwelt einprägt. Wahrscheinlich wäre sie niemals die geniale Erfinderin, die Visionärin von Morgen geworden, als die sie heute geschätzt wird, wenn sie nicht, noch sehr jung, »Corbus« Weg gekreuzt hätte.

Es war Charlotte, die Le Corbusier bat, für ihn arbeiten zu dürfen. Für sie war er Mentor und Lehrer. Sie war seine Schülerin auf dem Feld der Architektur und seine Partnerin bei der Innenausstattung der Wohnprojekte. Aber mit der Zeit entzog sie sich seinem Einfluss, kritisierte manche seiner Methoden und vollendete eigene Entwürfe unabhängig von ihm. Auf keinen Fall kann man sie auf eine Hilfskraft des großen Meisters reduzieren, wie es so oft in der Geschichte der Frauen passiert: sie werden auf die Rolle der Assistentin, Untergebenen oder Muse der Herren festgelegt.

Charlotte ohne Le Corbusier, Charlotte ohne Jeanneret, Corbus Neffe und Mitarbeiter, später Geschäftspartner: Charlotte endlich allein, in ihrer ganzen Majestät. Ein Sonnenmädchen, wagemutig, oft tollkühn. Im Leben wie in ihren künstlerischen Entscheidungen strebt sie immer voran, ist besessen von der Intensität der Gegenwart, neugierig auf die Zukunft. Eine freie Frau, engagiert, begierig darauf, zu jenem Ideal beizutragen, das uns heutzutage so überholt vorkommt: dem Fortschritt. Dem Fortschritt der Menschheit. Dem Fortschritt des Einzelnen. Dem Fortschritt der Rechte jedes Einzelnen.

Charlotte glaubte an das Glück, an die Größe dieses Gefühls, das sowohl körperlich wie seelisch erfüllt. Sie hat dafür gearbeitet, sie hat dafür gekämpft, sie hat sich für Anliegen eingesetzt, die uns dem Glück näherbringen sollten. Manchmal wurde sie enttäuscht, mitunter auch verraten. Das hat sie nicht daran gehindert weiterzukämpfen.

Charlotte arbeitete gerne in Gemeinschaft und kümmerte sich nie darum, berühmt zu werden. Sie war mehr damit beschäftigt, etwas zu schaffen und zu bewirken, als ihre Signatur darunter zu setzen. Damit hat sie allerdings selbst den Blick auf die Gesamtheit ihres künstlerischen Werks und auf ihren Rang als Künstlerin erschwert. Ihr selbst scheint das egal gewesen zu sein. Für sie war Urheberschaft kein Problem und auch nicht besonders wichtig – wie so oft für Frauen. Oft sind sie eher darauf aus, ihre Projekte umzusetzen, als darauf, Anerkennung für ihre Leistungen zu bekommen und diese bekannt zu machen.

Charlotte Perriand war Zeitgenossin von Sonia Delaunay, Rose Adler und den vielen anderen eigenständigen Persönlichkeiten einer schwungvollen Frauengeneration, einer Generation, die neue Rechte erkämpfte – etwa das Recht, die bisher Männern vorbehaltenen schönen Künste zu studieren und anschließend zu praktizieren, aber auch das Recht auf ein eigenes Liebesleben, auch wenn das noch als skandalös galt und einer Elite vorbehalten war. Es war die Zeit, in der die Frauen für das Wahlrecht und die Gleichberechtigung in der Ehe kämpften, nicht mehr bloß Heimchen am Herd sein wollten, kein Püppchen und keine Mutti. Sie waren jetzt *garçonnes,* Mädels, und stolz darauf.

Wir sehen Charlotte heute als große Denkerin des Raums, der Modernität des Raums, als Meisterin darin, den Raum zum Wohl dessen einzusetzen, was das Menschlichste in uns ist. Monumentalbauten, die nichts weiter bewirken sollten, als die Landschaft zu unterwerfen und ihr die Macht ihres Schöpfers für alle Zeiten einzuprägen, waren ihre Sache nicht. Ihre Kunst war bescheiden, methodisch, praktisch, nützlich, ergonomisch. Sie wollte in ihrem Schaffen der Harmonie, die sie in der Schönheit einer Muschelschale, dem Astwerk eines Baums oder dem Gletscher eines Gebirgsstocks fand, möglichst nahekommen. Sie wollte sich selbst möglichst treu bleiben, versuchen, sich dem Richtigen und Einfachen in der Form anzunähern. Charlotte hat uns ein Universum der Formen hinterlassen, einen beeindruckenden Katalog von Gegenständen, immer wieder neu aufgelegte Möbelklassiker ebenso wie Bauwerke, die in ihrer Sparsamkeit des Ausdrucks und ihrer Formstrenge nie veralten sind. Und dazu die Projekte, die sie nicht mehr verwirklichen konnte.

Charlotte die Träumerin. Charlotte die Utopistin. Charlotte die Kämpferin. Charlotte die

Großzügige, die ihr Leben damit verbracht hat, für andere zu arbeiten, ohne mit ihren Kräften zu geizen. Sie hat uns eine Welt voller Objekte hinterlassen, voller Räume, die sie geschaffen hat: zum Bewohnen, als Schutz, zur Erholung, als Möglichkeiten, die uns offenstehen. All diesen Welten, mit deren Gestaltung sie ihr Leben verbracht hat, ist für uns Heutige eine mysteriöse Präsenz eigen, eine künstlerische Aura, eine Vorahnung des Zukünftigen, Poesie, und wir sehnen uns nach der Zeit, in der jede und jeder noch an den Fortschritt und an das Glück als kategorischen Imperativ und Lebensnotwendigkeit glaubte.

**Die Zeit der
Rue de Sèvres**

Fernand Léger, Atelier in Montparnasse.
Foto von Charlotte Perriand, um 1935

**Die Zeit der
Rue de Sèvres**

Die *Table forme libre six pans*, Atelier in
Montparnasse. Foto von Charlotte Perriand,
1938

**Die Zeit der
Rue de Sèvres**

Charlotte Perriand im Wintergarten
der Atelierwohnung an der Place
Saint-Sulpice, 1928

**Die Zeit der
Rue de Sèvres**

Charlotte Perriand schaut aus dem
Fenster ihres Ateliers in Montparnasse.
Foto von Pierre Jeanneret, 1934

**Die Zeit der
Rue de Sèvres**

oben: Esszimmer der Atelierwohnung an der
Place Saint-Sulpice. Foto von Jean Collas, 1927
unten: *Le Bar sous le toit*, vorgestellt von
Charlotte Perriand auf dem Salon d'Automne, 1927

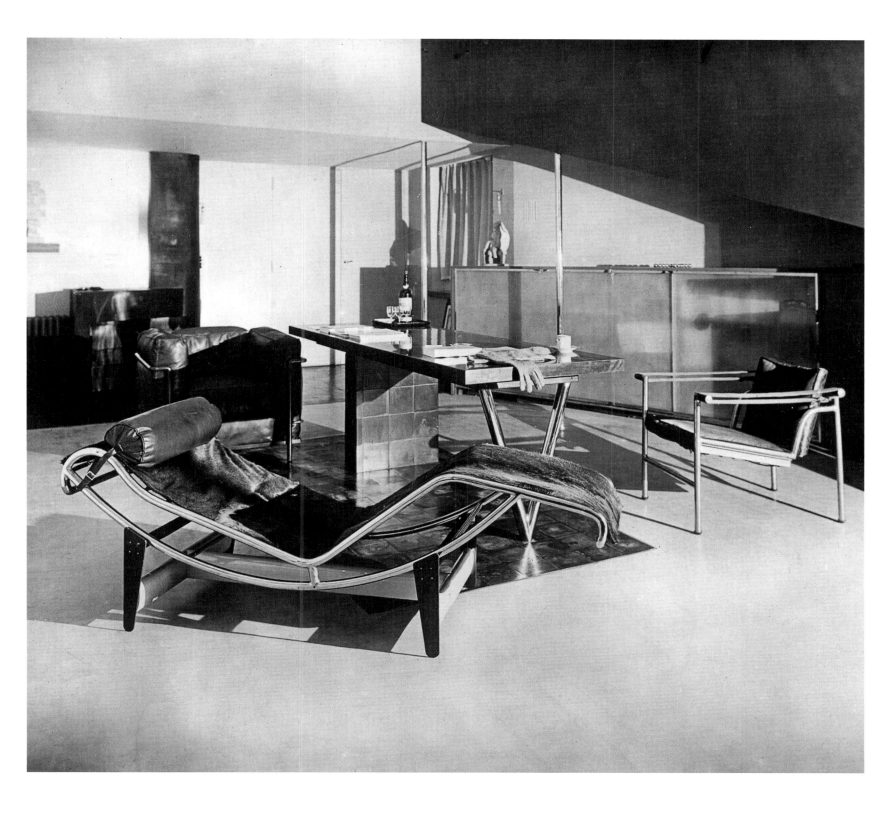

Die Zeit der Rue de Sèvres Inneneinrichtung Charlotte Perriands für die Villa La Roche in Paris, 1928

Die Gestalterin

**Die Zeit der
Rue de Sèvres**

Charlotte Perriand im *Fauteuil pivotant*,
1930

Phaidros erklärt Sokrates Folgendes: Die Architektur ist die Kunst par excellence – jene Kunst, die vom eigenen Körper ausgehen muss, der sich selbst in ständiger Wandlung befindet. Nur ausgehend von dem, was wir körperlich und geistig als unsere Mitte wahrnehmen, kann der Mensch – oder können bestimmte, von den Göttern gesegnete Menschen – etwas in die Welt setzen, das zuvor nicht existierte: einen Tempel, einen Gegenstand. Diese Ergänzung der Welt – denn die Architektur fügt hinzu, und manchmal vollendet sie auch – muss grundlegenden Regeln der Schönheit und Einfachheit genügen. Phaidros hat große Mühe, Sokrates von der Überlegenheit der Architektur über alle anderen Kunstformen zu überzeugen. Aber es gelingt ihm schließlich doch, indem er den *Eupalinos* als das Urbild des Architekten darstellt.

Charlotte hat Paul Valérys Buch *Eupalinos* gelesen. Es hat sie tief beeindruckt. Wie einen Schatz hütet sie diese Beschreibung ihres zukünftigen Berufs: »Er [Eupalinos] vernachlässigte nichts. Er schrieb vor, die Bretter in Richtung der Holzfaser zu schneiden, damit sie, eingelegt zwischen das Mauerwerk und die Balken, die sich darauf stützen, verhindern, daß die Feuchtigkeit in diesen Fibern aufsteige und, einmal aufgenommen, sie zum Faulen bringe. Er wandte eine ähnliche Aufmerksamkeit an alle empfindlichen Punkte des Bauwerks. Man hätte denken können, es handle sich um seinen eigenen Körper. Während der Arbeit am Bau verließ er nicht den Werkplatz. Ich glaube, er kannte jeden Stein. Er überwachte die Genauigkeit ihrer Behauung; er studierte auf das eingehendste alle Mit-tel, die man erfunden hatte, daß die Kanten sich nicht überschneiden und daß die Sauberkeit der Fugen nicht leide. [...] Er verwendete die größte Sorgfalt auf den Mörtel, mit dem er die Wände aus Rohstein zudeckte. Aber all diese Feinheiten, bestimmt, die Dauer des Bauwerks zu sichern, waren eine Kleinigkeit im Verhältnis zu denen, die er gebrauchte, wenn es sich darum handelte, die Erregungen und Schwingungen vorzubereiten, die in der Seele des künftigen Betrachters seines Werks entstehen sollten.«[1]

Man glaubt, hier eine Definition von Charlottes Arbeit zu lesen. Als sie auf der Internationalen Ausstellung für moderne dekorative Kunst und Kunstgewerbe 1925 zum ersten Mal ihre Arbeit der Öffentlichkeit vorstellt, überrascht sie die Besucher ihres Musiksalons mit einem Buchumschlag dieses Werks von Paul Valéry.

Charlotte sieht ihre Profession stets in einem spirituellen Licht. In ihrer Autobiografie schreibt sie: »Nichts ist trennbar, weder der Körper vom Geist noch der Mensch von der Welt, die ihn umgibt, noch die Erde vom Himmel.« Charlotte Perriands Arbeit beruht auf zwei Grundregeln: den Menschen ins Zentrum eines jeden Projekts zu setzen, sei es kollektiv oder individuell, und den Raum zwischen Innen und Außen als ein Kontinuum zu denken. Um diese Vision von Architektur nach Art einer Planzeichnung zu entwerfen und so das angestrebte Ziel abstrahierend immer im Auge zu behalten, wird sie freiwillig alles, was sie gelernt hat, vergessen und sich sämtlichen Moden widersetzen, die damals in ihrer Profession vorherrschten.

---

[1] Paul Valéry, *Eupalinos oder Der Architekt*. Übersetzt von Rainer Maria Rilke. Leipzig 1927.

»Es war ein großer Erfolg. Gestern praktisch unbekannt, wurde ich brutal ins Heute gestoßen. Für mich ergab das keinen Sinn und war nicht gerecht. Was sollte ich jetzt anfangen?«

Charlotte Perriand ist Handwerkerin und Gestalterin der Moderne zugleich. Sie versteht ihr Handwerk, hat an der *École Nationale des Art Décoratifs* in Paris gelernt, wie man fertigt, zusammenbaut, konstruiert. Sie ist eine anspruchsvolle Bastlerin, die gerne mit den Händen arbeitet, nicht nur entwirft oder malt (was sie übrigens bewundernswert kann). Sie hat bereits mit Stoff, Holz und bemalter Leinwand gearbeitet, sie liebt es, Bücher zu illustrieren, ihre Umschläge zu gestalten, eine Leuchte, einen Tisch, einen Sessel zu bauen, Gefäße und Silberschmuck zu entwerfen. Sie fließt über vor Ideen und versteht es, diese in Pläne zu fassen, bevor sie sie selbst verwirklicht. Ihr Können ist überwältigend, die Bandbreite ihrer Begabung erstaunlich.

Der Beginn ihres Studiums steht im Zeichen des Art déco. Charlotte schreibt sich als brave Vertreterin dieses Zeitgeistes ein. Dem Damenausschuss des Verwaltungsrats ihrer Schule gefällt das so gut, dass sie zweifelsohne deswegen angenommen wird… als perfekte Schülerin und junge Repräsentantin der herrschenden Mode! Aber Charlotte ist keine brave Elevin. Es geht ihr nicht darum zu schaffen, um zu gefallen. Allerdings stellt sie rasch fest, dass sie gefallen kann, dass sie gegen ihren Willen gefällt, ja zu sehr gefällt, aber das stört sie mehr, als dass es sie von ihrem Weg abbrächte. Erfolg und Ruhm wird sie immer misstrauen.

Beim Herbstsalon 1927 erregt sie Aufmerksamkeit mit ihrer Vorstellung einer *Bar sous le toit* (Bar unterm Dach), einer Bar im Wohnzimmer.

Kritiker und Spezialisten nennen ihren Entwurf eine »Offenbarung«. Dass eine so junge Frau sich einen Raum zum Zusammenleben vorstellen kann, dessen zentrales Element eine Bar ist, hat etwas Überraschendes, sogar Schockierendes. Sie zeigt, was ihrer Lebensart entspricht. Alles, nur kein Salon. Der ist zu bürgerlich. Sie trifft ihre Freunde nicht in Salons, sondern in Cafés. Warum nicht auch zuhause zum Trinken zusammensitzen, sich unterhalten, sich wohlfühlen. Sie entwirft diesen einfachen und gastlichen Raum in diesem Geist. Charlotte ist auch eine Neuerin in der Verwendung von Baumaterialien. Für die Aluminiumfront des Tresens wendet sie sich an einen Karosseriebauer und an einen Handwerker, um Chromstahl zu bekommen.

Am Tag der Ausstellungseröffnung lädt sie ihre Freunde ein und bringt Champagner mit.

Charlotte ist ein Kind ihrer Zeit. Sie hat, wie Hunderttausende andere auch, *La Garçonne* von Victor Margueritte gelesen. Dieses Buch, 1922 erschienen, hat 1926 bereits eine Auflage von 600 000 Exemplaren erreicht. Sie hat auf dem *Bal nègre* Josephine Baker nackt tanzen sehen und daraufhin nackte Frauen auf ihre Paravents gemalt – auch wenn es damals an den Kunsthochschulen, an denen erst seit dreißig Jahren Frauen studie-

># »Mit den vielen Journalisten im Schlepptau entdeckte ich mit Abscheu den Snobismus des Erfolgs, ich war jung, ›seht nur, die Schönste, die Talentierteste‹, ich konnte doch von meinem Podest nur herunterstürzen.«

ren durften, nur männlichen Studenten erlaubt war, nach nackten Modellen zu zeichnen und zu malen. Sie liest Paul Claudel und begeistert sich für die Vorstellung der *amour fou*, sie besucht Kunstvorlesungen, lässt sich um nichts in der Welt die Parade neuer Autos auf den Champs-Élysées entgehen, trägt kurze ärmellose Kleider, die ihre Figur zur Geltung bringen, kurze Haare, die das Oval ihres Gesichts betonen. 1927 hört sie an der Sorbonne Sonia Delaunay, die die Mode durch die Veröffentlichung von Schnittmustern demokratisieren will und für das Konzept einer Kunst für alle eintritt, eines Stils, der das Materielle mit dem Spirituellen versöhnt.

Charlotte gibt sich nicht provokant, sie ist einfach eine junge Frau ihrer Zeit, die ihre Epoche mit der ihr eigenen Leidenschaftlichkeit erleben will. Sie hält mit, aber nicht etwa, um sich bekannt zu machen oder bekannt gemacht zu werden. Auch deshalb steigt ihr dieser erste Erfolg nicht etwa zu Kopf, sondern verunsichert sie eher. »Es war ein großer Erfolg. Gestern praktisch unbekannt, wurde ich brutal ins Heute gestoßen. Für mich ergab das keinen Sinn und war nicht gerecht. Was sollte ich jetzt anfangen? Mit den

vielen Journalisten im Schlepptau entdeckte ich mit Abscheu den Snobismus des Erfolgs, ich war jung, ›seht nur, die Schönste, die Talentierteste‹, ich konnte doch von meinem Podest nur herunterstürzen«, erklärt sie in ihrer Autobiografie.

Diese möglicherweise voreilige, in ihren Augen nicht gerechtfertigte Anerkennung löst bei Charlotte eine kritische Selbstprüfung aus. Anstatt sich von der Woge des Erfolgs hinreißen zu lassen, fragt sie sich, was sie aus ihrem Leben und in ihrem Leben machen will. Sie überprüft ihre Fähigkeiten und beschließt, noch weiter in Richtung Kreativität und Innovation zu gehen. Sie will nicht bloß die Berühmtheit einer begeisterten Bourgeoisie sein, sondern ein Werkzeug im Dienst einer bestimmten Idee der Moderne. Sie will sich einer Fachrichtung verschreiben, die der Vielfalt ihrer Talente Rechnung trägt, sie will sich der Avantgarde anschließen, sie will Avantgarde werden. Ihre *Bar sous le toit,* die Bar für zuhause, hat bereits eine Lebensart eingeführt, die im Widerspruch zum Zeitgeist steht: Man kann auch mit einem kleinen Raum etwas Schönes gestalten, wenn man das Nützliche nicht für hässlich hält und ihm erlaubt, sich zu entfalten – die Geburtsstunde ihrer »Einrichtungswände«. Auch auf kleinem Raum kann man viele sein, man kann seine Freunde einladen, wenn man sie nicht unbedingt in einem Salon empfangen muss, bevor man ins Speisezimmer zum Essen wechselt; es genügt, seinen Freunden vorzuschlagen, sich an einer Bar einzufinden, um zu trinken und zu tanzen, womöglich die ganze Nacht hindurch, denn Charlotte hat in ihrem Plan auch einen Plattenspieler mit 78 Umdrehungen vorgesehen...

Charlotte nähert sich mit ihrem Geschmack bereits bewusst der modernen industriellen Kunst an. Sie bewundert afrikanisches Kunsthandwerk, liest Bücher über Anthropologie, begeistert sich für die zentrale Rolle des Schamanismus in bestimmten Kulturen. Sie lebt ihr Leben intensiv und mit einem sicheren Gespür für das Glück, aber weiß nicht genau, was sie als nächstes anfangen soll. Ihr Erfolg verunsichert sie und macht sie verwundbar. Sie ist durch und durch ein Mädchen vom Lande (ihre Jugend hat sie auf dem Bauernhof eines Großonkels verbracht), träumt davon, Landwirtschaft zu studieren und sich an der *École d'agriculture* in Grignon einzuschreiben. Von ihren Plänen erzählt sie ihrem Freund Jean Fouquet, der ihr statt einer Antwort zwei Bücher eines Mannes gibt, den er bewundert: *Vers une architecture* und *L'Art décoratif d'aujourd'hui* von Le Corbusier. Diese Bücher werden ihr gemeinsames Schicksal mit Corbu besiegeln.

»Große Kunst lebt von einfachen Mitteln. Mit den schillernden Effekten ist es vorbei. Der Augenblick der Proportion ist gekommen. Der Geist der Architektur behauptet sich. Was ist passiert? Eine Epoche der Maschinen hat begonnen. Unsere Eingebungen, unser lebendiges Verständnis der Natur, ihrer Schönheit, ihrer Kräfte, alles ist in ein System architektonischer Strukturen integriert. Denn die Wissenschaft hat uns, indem sie uns die Eigenschaft des Kosmos enthüllt hat, eine große schöpferische Macht gegeben, und die Architektur ist die menschliche Art der Schöpfung.« Als Charlotte in *L'Art décoratif d'aujourd'hui* diesen Absatz liest, das politische, poetische und grafische Manifest Le Corbusiers – noch immer aktuell –, sagt sie sich, dass sie bereits seit Jahren mit Ihren Ideen, ihren Naturerfahrungen, ihrem Glauben an die Moderne den Thesen Le Corbusiers anhängt, der sich, damals schon bekannt und anerkannt, bewundert ebenso wie gehasst, schon jahrelang für eine Baukunst im menschlichen Maßstab einsetzt. Seine Persönlichkeit, sein visionärer Geist, der Umfang seiner Schriften, sein unnachgiebiger Wille haben dabei indes die Bedeutung anderer Architekten wie Henri Sauvage, Auguste Perret (den Le Corbusier zitiert hat) und Tony Garnier – um nur die Franzosen zu nennen – verdunkelt.

Corbu wiederholt: Die Kunst muss im Dienst des Menschen stehen. Er plädiert für das Gefühl, für Wärme, Sensibilität, für Respekt vor dem Geist der Wahrheit. Wenn er zeichnet, denkt er. Er ist Philosoph, Dichter und Schriftsteller in einem. Er nimmt das Neue zum Ausgangspunkt, die neue Zeit, in der Industrialisierung und zunehmende Mechanisierung der Arbeitswelt den Menschen aufblühen lassen, anstatt ihn weiter zu versklaven: »Die Architektur ist da, sie kümmert sich um unser Haus, um unser Wohlbefinden und um unser Herz. Bequemlichkeit und Proportion. Vernunft und Ästhetik. Maschine und Skulptur. Ruhe und Schönheit.«

Charlotte möchte die Baukunst von jemandem lernen, der kein Architekt ist. Sie klingelt an

33

seiner Tür. Der Anfang ist nicht gerade vielversprechend. Wie es seinem wenig zugänglichen Charakter entspricht, und weil er kaum daran gewöhnt ist, mit dem anderen Geschlecht zu arbeiten, knurrt er sie an: »Wir besticken hier keine Kissen.« Eine skandalöse Bemerkung, die er sich durch einen einzigen Blick in ihre Mappe mit Arbeitsproben, die sie bei sich hat, hätte sparen können. Diesen Blick holt er allerdings rasch nach. Drei Tage später wird Charlotte akzeptiert. Sie wird in den »Konvent« aufgenommen, wie sie es selbst formuliert. Es ist ein altes Klostergebäude, in dem Studenten aus der ganzen Welt Tag und Nacht an Corbus verschiedenen Projekten arbeiten. Sie führen, wie es der Name gebietet, ein geradezu mönchisches Leben und setzen ihr Können im Geist der Gemeinschaft ein. Charlotte stürzt sich begeistert und vorbehaltlos in dieses Abenteuer.

Sie kommt nicht aus dem Nichts. Sie ist bereits jemand. Corbu hat ihre *Bar sous le toit* gesehen und weiß, dass sie den Raum rigoros und modern gestalten kann; dass sie es versteht, in der Kunstwelt noch wenig bekannte Materialien wie Zink, Stahl und Chrom zu verarbeiten. Sie zeigt ihm die Entwürfe für ihre Wohnung an der Place Saint-Sulpice, und er ist sofort überzeugt. Er weist ihr ihren Platz und ihre Funktion zu. Er bietet ihr eine Stelle als Assistentin für ihn und seinen Cousin Pierre Jeanneret an, mit dem er bereits ein unzertrennliches Duo bildet, und gleichzeitig ein Architekturstudium bei ihm als Mitglied des Kollektivs seiner Werkstatt.

Charlotte sagte oft, sie habe Glück im Leben gehabt. Aber vielleicht verstand sie vor allem, das Glück beim Schopf zu packen, unmittelbar, mit Gespür für den gegenwärtigen Moment. Charlottes Eintritt in das Leben Corbus geschieht zu einem günstigen Zeitpunkt: In Stuttgart[2] hat Le Corbusier auf einer internationalen Kunstausstellung die Qualität, Innovation und Schönheit des Ensembles der neuen Metallmöbel von Ludwig Mies van der Rohe, Mart Stam und Marcel Breuer entdeckt. Die Männer hatten die Innenausstattung und Möblierung ihrer Häuser selbst übernommen, während Corbu, obwohl ebenfalls Möbelgestalter, Theoretiker der Innenausstattung, Verteidiger dessen, was er »die Architektur der Dekoration« nennt, die Innenräume seiner Gebäude aus Zeitmangel anderen übergeben hatte. Nun empfand er deren Lösungen als ungenügend. Nach dieser Erfahrung wird Charlotte von ihm zur Verantwortlichen für Möbeldesign und Inneneinrichtung der Wohnräume ernannt und mit der Baustellenaufsicht betraut.

»Verantwortlich« – dieses Wort ist wichtig, denn die Geschichte, immer darauf bedacht, eher die Namen der großen Männer als die der kreativen Frauen zu bewahren, hat ihre Rolle in einen schwer durchdringlichen Nebel gehüllt und ihre Bedeutung heruntergespielt. Charlotte wird oft auf ihre Aufgabe als Assistentin Le Corbusiers reduziert. Doch sie war viel mehr. In der Architektur ist sie seine Schülerin, in allem anderen aber eigenständige Schöpferin. Zwar verdankt sie ihm viele Erfahrungen und Erlebnisse, bleibt in ihrem Schaffen aber immer selbstbestimmt – ob Le Corbusier ihre Werke nun

---

[2] Zu der 1927 vom Deutschen Werkbund unter Leitung von Ludwig Mies van der Rohe veranstalteten Bauausstellung in Stuttgart wurde die Weißenhofsiedlung mit Gebäuden verschiedener Architekten der Moderne errichtet. Le Corbusier war mit zwei Häusern vertreten.

Die kämpferischen Jahre

Der Kreml mit dem Schuchow-Turm. Fotografiert von Charlotte Perriand auf ihrer ersten Moskaureise, 1931

**Die kämpfe-
rischen Jahre**

oben: Abschlussfeier des Zentrosojus. 1929
V.l.n.r.: Ernest Weissmann, Le Corbusier, Nikolaj
Kolli, unbekannt, Vladimir N. Barkof, Charlotte
Perriand und Pierre Jeanneret, um 1929 unten:
Nikolaj Kolli. Foto von Charlotte Perriand auf
ihrer ersten Moskaureise, 1931

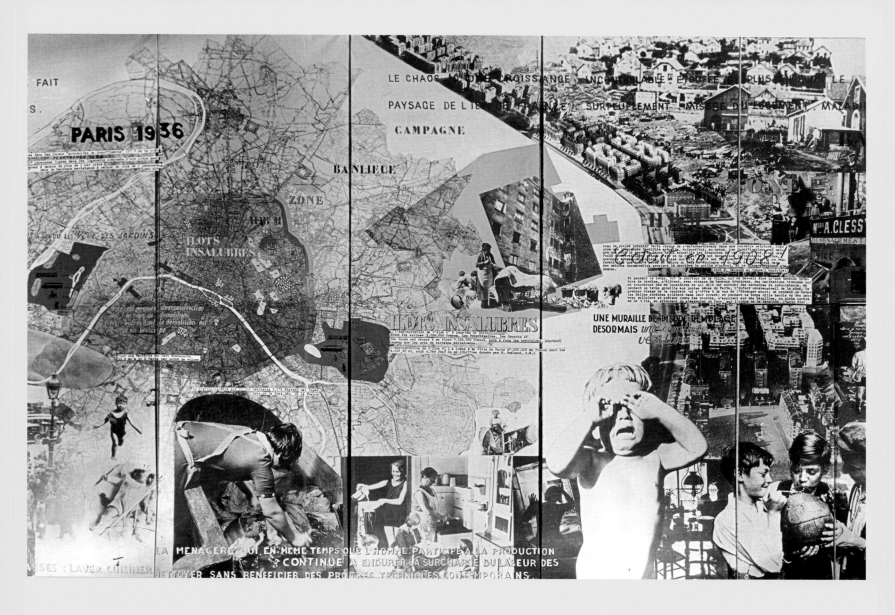

**Die kämpfe-
rischen Jahre**

Ausschnitt aus *La Grande Misère de Paris,* Fresko
von Charlotte Perriand in Zusammenarbeit mit
Jean Bossu, Émile Enci, Jacques Woog und Georges
Pollak. *Salon des arts ménagers* im Grand Palais,
Paris, 1936

**Die kämpfe-
rischen Jahre**

oben: Inneneinrichtung Charlotte Perriands für
den Speiseraum des Kindergartens in einem Heim
der Heilsarmee in Paris. Foto von E. Steinegger,
um 1934 unten: Bettgestelle mit Regalfächern,
Entwurf Charlotte Perriands für den Heimkomplex der Heilsarmee in Paris, um 1933

**Die kämpfe-
rischen Jahre**

Der Pavillon des Landwirtschaftsministeriums,
gestaltet von Charlotte Perriand und Fernand
Léger für die *Exposition internationale des arts
et techniques dans la vie moderne*, Foto von
François Kollar, Paris 1937

**Die kämpfe-
rischen Jahre**

links: Charlotte Perriand mit Schäfern, foto-
grafiert auf einer Wanderung von Digne nach
Chamonix von Pierre Jeanneret, 1936 oben rechts:
Lapiaz, Hochebene des Vercors. Foto Charlotte
Perriand, 1936 unten rechts: Bauer im Vercors.
Foto von Charlotte Perriand, 1936

**Die kämpfe-
rischen Jahre**

links: Bauer mit Kind im Vercors. Foto von
Charlotte Perriand, 1936 oben rechts: Schaf-
herde im Vercors. Foto Charlotte Perriand, 1936
unten rechts: Schäfer im Vercors. Foto von
Charlotte Perriand, 1936

**Die kämpfe-
rischen Jahre**

oben links: Bauer, fotografiert von Charlotte
Perriand, 1936 unten links: Bauer auf Korsika.
Foto von Charlotte Perriand, 1937 rechts:
Bäuerin auf Korsika. Foto von Charlotte
Perriand, 1937

akzeptiert oder nicht. Während der ganzen zehn Jahre, in denen sie mit ihm zusammenarbeitet, führt sie ihr eigenes Leben und ihre eigenen Projekte weiter. Bei einigen Projekten verlangt sie, ihre Signatur neben seine zu setzen, was Le Corbusier überhaupt nicht mag. Jacques Barsac, der Charlotte Perriand eine umfangreiche dreibändige Monografie gewidmet und jede einzelne Phase jedes ihrer Projekte akribsch analysiert hat, besteht zu Recht darauf, dass diese Schaffensperiode sehr fruchtbar und innovativ war. Man spricht immer davon, was Le Corbusier Charlotte alles gegeben habe. Gedenken wir vielmehr dessen, was Charlotte während dieser Jahre Le Corbusier gegeben hat.

Charlotte lässt sich nicht auf Missgunst und Abrechnungen ein. Als sie in ihrer Autobiografie diese entscheidenden Jahre behandelt, erinnert sie sich lieber an die Solidarität mit ihren Kameraden im Konvent und an ihre ausgeprägte Bindung an Pierre Jeanneret, den sie »meinen Bruder« nennt. Sie erinnert sich daran, wie Le Corbusier an sie glaubte und ihr, die sich gerade auf der Höhe ihrer künstlerischen Ambitionen fühlte, vorschlug, die Innenausstattung der Villa La Roche zu übernehmen, die Jeanneret und er gemeinsam 1922 für den Bankier Raoul La Roche erbaut hatten, einen Kunstsammler und Freund Pablo Picassos und Fernand Légers. Wie er dabei den Maßstab sehr hoch legte und Charlotte als seine gleichberechtigte Partnerin betrachtete. Wie er, als er die Villa zum ersten Mal mit ihr gemeinsam besuchte, Bachkantaten auflegte, um ihr klarzumachen, dass ihre Arbeit technisch und handfest sein muss, aber auch harmonisch und von Spiritualität getragen.

»In allen Gesellschaftsschichten beschäftigt man sich mit dieser einen Sache: seine Umgebung angenehm gestalten, damit das Leben nicht so leer ist«, schreibt er in *L'Art décoratif d'aujourd'hui*. Angenehm gestalten heißt nicht dekorieren. Es geht darum, das Gleichgewicht zwischen dem Funktionellen, dem Notwendigen und dem Schönen zu finden, ohne das Gefühl körperlicher und geistiger Freiheit zu zerstören, das von dem Gebäude ausgeht. Charlotte hatte die Intentionen Le Corbusiers vorweggenommen und Stühle entworfen, die ausdrücklich auf den Skizzen des Meisters über die verschiedenen Arten sich hinzusetzen beruhten. Die Rollen beider sind besonders anfangs klar definiert: Corbu legt das Programm fest, Charlotte setzt es in ihrer eigenen Werkstatt in der Rue Saint-Sulpice um und bringt die Ergebnisse dann in den Konvent mit, um sie zur Diskussion zu stellen. So macht sie es mit allen ihren Entwürfen, den Stühlen und Tischen. Sie sucht selbst die Hersteller und Handwerker aus, wählt die Lieferanten. Sie alleine testet die Möbel und zeigt sie Corbu und Jeanneret erst, wenn sie fertig sind.

Man weiß heute, dass der *Fauteuil grand confort* und die *Chaise longue basculante*, die als Le-Corbusier-Möbel so oft nachgeahmt und reproduziert worden sind, zwar von ihm konzipiert, aber von Charlotte Perriand gezeichnet und realisiert wurden. Das beweisen die von Charlotte hinterlassenen Dokumente. Im Übrigen überzeugt Charlotte Le Corbusier, der für Männer und

Frauen unterschiedliche Sitzmöbel vorgesehen hatte, auch davon, dass Männer und Frauen auf denselben Sesseln sitzen können!

Ist Le Corbusier irgendwann eifersüchtig auf die enorme Kreativität Charlottes, die außerdem über eine große technische Begabung verfügt? Oder veranlasst ihn sein legendär empfindliches Temperament, seine Überzeugung, er werde abgelehnt – obwohl er längst international anerkannt ist –, alles zu vereinnahmen, was auf seine Anregung hin entstanden ist?

Der Patentantrag für die berühmte Chaiselongue aus dem Jahr 1928 trägt zunächst die Namen der Erfinder in der Reihenfolge ihres Anteils an der Entwicklung: Charlotte zuerst, dann Le Corbusier, dann Jeanneret. Le Corbusier ändert die Reihenfolge dann jedoch in die angeblich logischere alphabetische, setzt seinen Namen damit an die erste Stelle und den Charlottes an die letzte. 1959, anlässlich der Neuauflage der *Chaise longue basculante*, des *Fauteuil grand confort* und des *Fauteuil dossier basculant*, setzt Le Corbusier seine und nur seine Signatur auf jedes Möbelstück und seine Initialen auf jedes Modell. Damit löscht er die Namen Perriands und Jeannerets praktisch aus. Natürlich ist es schwierig, für diese Zeit im Atelier Anfang der 1930er Jahre den Anteil jedes Einzelnen am Kollektiv zu bestimmen, eine Zeit, in der das Trio unzertrennlich ist und seine Konzepte, ob im Kollektiv oder von Charlotte allein ausgearbeitet, von den Studierenden des Konvents in der Rue de Sèvres umgesetzt werden.

In ihrer Autobiografie erinnert Charlotte diese sehr produktiven Jahre als fruchtbare Zeit, in der alles »im Team« erledigt wurde, und verwendet den Begriff »wir« so, als ob es überhaupt kein Problem mit der Zuweisung der Urheberschaft und der Anerkennung ihrer Arbeit gegeben habe. Sie scheint überzeugt davon, dass in Le Corbusiers Augen eines offensichtlich war: Sie, und nur sie, ist in diesem Triumvirat die Schöpferin des Mobiliars. Warum dann aber die folgende Bescheinigung Le Corbusiers, datiert auf 1932, die dies bekräftigt – musste Charlotte etwa doch um ihre Anerkennung kämpfen? »Ich bescheinige hiermit, dass Madame Charlotte Perriand, Architektin aus Paris, mit uns seit mehreren Jahren als Partnerin zusammenarbeitet, insbesondere bei der Innenausstattung für die Wohnräume. Madame Perriand besitzt in diesem Bereich außergewöhnliche Erfindungsgabe, Ideenreichtum und Umsetzungskompetenz. Bei ihr liegt die gesamte Verantwortung für die Inneneinrichtung unserer Projekte. Sie ist in der Lage, neue Wohnkonzepte zu entwerfen und diese sodann auch zu realisieren.«

Charlotte geht es in dieser Zeit primär darum, ihr künstlerisches Engagement gemeinsam mit dem ihrer gleichaltrigen Kameraden gewürdigt zu sehen. Ihre eigene Urheberschaft ist demgegenüber zweitrangig. Und vor allem will sie sich weiterentwickeln, um alle ihre Ideen verwirklichen zu können.

Ihre Arbeitsmethode ist jedes Mal dieselbe: Vor der Entwurfsphase verwandelt sie sich in eine Forscherin, eine Anthropologin, um herauszufinden, was die Menschen brauchen; der Mensch ist immer das Zentrum. Die Ideen kommen erst

Bevor sie ein Zimmer für jugendliche Mütter entwirft, trifft sie viele dieser Mütter, besucht Kinderkrippen.

später. Sie ist eine Pragmatikerin, stellt sich in den Dienst der Betroffenen, und erst wenn sie sich in deren Lage versetzt hat, kann sie sich eine für sie nützliche Lösung vorstellen. So auch bei ihrer Arbeit an einem Heimkomplex der Heilsarmee. Bevor sie ein Zimmer für jugendliche Mütter entwirft, trifft sie viele dieser Mütter, besucht Kinderkrippen. Bei den Clochards (Stadtstreichern) macht sie es ebenso. Sie beobachtet sie auf den Polizeirevieren, spricht mit ihnen auf der Straße, fragt sie, was ihnen am meisten bedeutet. Es ist ihr kleiner Rucksack, von dem sich diese Menschen grundsätzlich nie trennen – das einzige Zeugnis ihrer Existenz. Charlotte entwirft daraufhin Betten mit einem integrierten Regalfach, wo sie das Gepäckstück unterbringen können. Es gibt viele Beispiele dafür, dass sie sich auf die Seite des Benutzers stellt, nicht auf die des Auftraggebers oder des Bauherrn. Im Speisesaal für die Kinder lässt sie einen großen Fries mit Fotografien von Tieren anbringen, der ebensosehr pädagogischen wie dekorativen Zwecken dient und Schönheit und Ruhe verbreitet.

Den Fries als Gestaltungselement nimmt sie im Schweizer Pavillon der *Cité Internationale Universitaire* in Paris in Form einer großen Fotomontage wieder auf: vierundvierzig Vergrößerungen aus dem Bereich der Mikrobiologie und Mineralogie – für sie Quellen der poetischen wie der wissenschaftlichen Inspiration – als Reflexion über die Formenvielfalt der Natur. Das ist so avantgardistisch, dass bestimmte Zeitungen ihr vorwerfen, die Jugend zu verderben. Charlotte

Perriand ist das egal. Sie ist begeistert von ihrem Beruf und lässt sich durch nichts aufhalten.

Angesichts der politischen Ereignisse, der Weltwirtschaftskrise 1929, des Aufstiegs der extremen Rechten und der damit verbundenen Straßenschlachten am 6. Februar 1934 in Paris wendet sich Charlotte den Ideen der kommunistischen Partei zu. Sie tritt dem linksgerichteten Schriftsteller- und Künstlerverband *Association des écrivains et artistes révolutionnaires* (AEAR) bei und begreift sich immer mehr als Aktivistin im Dienst des Volks. Besonders ihre beiden Reisen in die UdSSR bestärken sie in ihrer antimaterialistischen, marxistischen Haltung. Ihre privilegierte Stellung als Architektin betrachtet sie als Mittel, den Widerstand und die Revolution zu stärken. Sie ist nicht die einzige, die damals einer goldenen Zukunft im Osten erwartungsvoll entgegensieht. Auch ihre Kollegen sind erfüllt von den Ideen der Revolution, die die Emanzipation des Einzelnen zum Ziel hat und ein Paradies auf Erden erträumt. In Le Corbusiers Atelier hat sich Charlotte mit dem russischen Architekten Nikolaj Kolli angefreundet, der von 1928 bis 1931 für Zentrosojus arbeitet, das Zentralbüro der sowjetischen Kooperativen unter Leitung der Regierung der UdSSR. 1931 unternimmt sie eine erste Reise dorthin, um »auf einer Initiationsfahrt ihren Träumen zu begegnen«. Kolli dient ihr als Reiseleiter. In der Sowjetunion besucht sie Fabriken, Krankenhäuser, Kultur- und Sportzentren, immer unter Aufsicht

Charlotte will ihr Fach zum Wohle aller Menschen ausüben und eine unter vielen sein, die sich in den Dienst der Menschen stellen.

von Führern, die den Ausländern zeigen wollen, welche gigantischen Anstrengungen der Kommunismus zum Wohle des Volkes unternimmt. Aus ihrem Tagebuch spricht ihre Begeisterung, sie ist überwältigt von dem, was sie sieht: Moskau ist eine riesige Baustelle, »der Bedarf ist enorm und wir Architekten können ein architektonisches und organisches Werk vollbringen. [...] Es geht nicht nur darum, Architektur zu schaffen, sondern rasch auf die Bedürfnisse einzugehen, um kulturelle Bildung zu ermöglichen und dem großen Kampf einen passenden Rahmen zu geben. [...] Suche nach einer proletarischen Kunst auf der Grundlage von Marx und Dialektik.« Charlotte sieht die Revolution in Europa in weniger als fünf Jahren kommen und will sofort beginnen, dafür tätig zu werden. Einzig der Kommunismus spricht den Verstand an, nur der revolutionäre Kampf weckt das Menschliche in uns. Sie erkundigt sich nach den Möglichkeiten, in die UdSSR zu gehen und dort zu arbeiten. 1934 reist sie ein zweites Mal, um zusammen mit Josep Lluís Sert, Jeanneret und anderen Kollegen aus dem Atelier Le Corbusiers Bauprojekte durchzuführen. Hat Stalin 1933 nicht die Architekten der ganzen Welt aufgerufen, in die Sowjetunion zu kommen, um dort eine neue Welt zu erbauen, und sind nicht schweizerische, deutsche, niederländische und

andere Architekten aus Mitteleuropa dem Aufruf gefolgt, wie auch manche Franzosen, etwa André Lurçat?

Charlotte will ihr Fach zum Wohle aller Menschen ausüben und eine unter vielen sein, die sich in den Dienst der Menschen stellen. Sie ist Architektin durch und für das Volk geworden, nicht um ihrer selbst willen oder um einen gesellschaftlichen Status oder einen Titel zu erlangen, sondern um eine Aufgabe zu erfüllen. »Man muss dem Volk das, was wir schaffen, schmackhaft machen, einzig, damit es genau das wünscht, damit es genau das fordert. Das bedeutet, das Volk auf seiner Seite zu haben. Das ist demokratisch. Demokratie ist, gemeinsamen voranzuschreiten, einander immer besser zu verstehen, einander zu unterstützen«, schreibt sie Anfang 1936 an Pierre Jeanneret.

Sie gibt ihrem Fach neue Statuten: Kunst soll nicht lediglich Erfüllungsgehilfin der Bedürfnisse des Volkes sein und sich selbst so ideologisch einsperren. Sie soll vielmehr zur Emanzipation beitragen, dazu, dem Volk ein Bewusstsein von der eigenen Existenzberechtigung zu vermitteln, ihm die Bedeutung von Bildung und die Möglichkeit einer besseren Zukunft aufzuzeigen. Es geht mithin darum, sich Gedanken über neue Wohnkonzepte zu machen, Wohnungen einzurichten, in denen die Frau nicht nur das Heimchen am Herd ist, Freizeiteinrichtungen zu entwickeln, neuartige Kindergärten, Schulen, Polikliniken. Es geht darum, funktionelle, soziale Räume zu konstruieren, die uns ermöglichen, unser Verhältnis

Die kämpfe-rischen Jahre

oben: Charlotte Perriand und Pierre
Jeanneret, um 1936 unten links: Heuschober.
Foto von Charlotte Perriand, um 1936 unten
rechts: Schäfer und ihr Mobiliar im Vercors.
Foto von Charlotte Perriand, 1936

**Die kämpfe-
rischen Jahre**

Alle Bilder: Mobiliar der Schäfer im Vercors.
Fotos von Charlotte Perriand, 1936

**Die kämpfe-
rischen Jahre**

Bauern in Entre-deux-Eaux.
Foto von Charlotte Perriand, um 1948

zum eigenen Körper, aber auch zu dem der anderen weiterzuentwickeln.

Charlotte glaubt an die Emanzipation des Volkes durch die Kultur, an die Verbesserung der Hygiene im Alltag (vergessen wir nicht, dass damals nur sehr wenige Familien überhaupt ein Badezimmer hatten und 1954 noch immer nur zehn Prozent aller Wohnungen eine Dusche oder Badewanne besaßen), sie glaubt an Wohlbefinden, Gesundheit, Glück, Genuss für jeden. Sie glaubt daran, dass das Gute nicht unbedingt teuer sein muss. Im Gegenteil: Das preiswerte Wohnzimmer, das sie 1936 auf dem *Salon des arts ménagers* vorstellt, sieht anstelle der üblichen Anrichten preisgünstige Büroschränke vor, die sich der Benutzer je nach Geschmack selbst lackieren kann. Büromöbel bevorzugt sie, weil sie weniger kosten als traditionelles Wohnmobiliar und weil sie vor allem funktional sind.

Charlotte findet, dass die Rolle, die man ihr zugewiesen hat – die der Spezialistin für Innenraumdekoration –, weder dem entspricht, was sie schaffen will, noch ihrer Vorstellung davon, wie sie es schaffen will. Sie, die noch immer als große Gestalterin von Innenräumen gilt, begehrt schon seit 1927 gegen diese Einschränkung auf. Sie fasst Urbanismus, »Außenarchitektur«, »Innenarchitektur« und die Möblierung als ein Ganzes, als ein Kontinuum auf. Sie begnügt sich nicht damit, Wege für die Zukunft zu bahnen, sondern nimmt sich der Gegenwart an und klagt, besonders in ihrem beeindruckenden Fresko *La Grande Misère de Paris*, die Lebensbedingungen und die Armut des Volkes an. Sie wird zur sozialen Vordenkerin

und begehrt immer stärker gegen gesellschaftliche Ungleichheit auf. Ihre Botschaft vermittelt sie in Fotomontagen, Statistiken und Umfragen. Jedes Mittel ist ihr recht, um Propaganda zu betreiben, auch wenn es dem Betrachter wehtut und wenig Umsatz macht. Als 1933 in Athen internationale Städteplaner und Architekten über das Thema »Die funktionale Stadt« diskutieren, erklärt sie, die Charta von Athen proklamiere die Unterordnung der Privatinteressen unter das Gemeininteresse. Sie verursacht Skandale und stört sich nicht daran: Am Anfang ihrer monumentalen Fotomontage lesen die Besucher einen Satz des Filmregisseurs Carlo Rim: »Und in eben diesem Moment halten sich tausend armselige Baracken, in denen die Armen wimmeln und krepieren wie Fliegen, mitten in der Innenstadt aneinander fest und warten auf ihren Einsturz wie auf ein tödliches Schicksal.« Charlotte Perriand gilt noch heute als eine derjenigen, die politischen Möglichkeiten der Fotomontage am intensivsten genutzt und sie zu einer Form großer Kunst gemacht haben. Beeinflusst wird sie durch die Lektüre sowjetischer Zeitschriften und ihre Begegnung mit László Moholy-Nagy im Jahr 1933. Fotomontagen und Wandmalereien sind für sie eine Kunst, welche die Massen in Bewegung setzen, aufrühren und zu einem Bewusstsein ihrer selbst führen kann. Charlotte betrachtet sich als Avantgarde der AEAR und will mit ihren Projekten der Armut etwas entgegensetzen. Mit fotografischen Aktionen, Fotomontagen – aber auch, indem sie sich an modernen städtischen Bauten in dem überwiegend von

Arbeitern bewohnten Ort Villejuif beteiligt. Der vor den Toren von Paris gelegene Ort wird von einem kommunistischen Bürgermeister regiert und André Lurçat baut dort die Karl-Marx-Schule.

Charlotte fordert eine Änderung der Bauvorschriften in Paris. In *Architecture d'aujourd'hui* formuliert sie ihr Glaubensbekenntnis, in Großbuchstaben: »DAS INTERESSE DES EINZELNEN, DIE WIRTSCHAFTLICHE ANARCHIE VERHINDERN DEN FORTSCHRITT DER MENSCHHEIT.« Sie strebt eine völlige Neudefinition dessen an, was »Stadt« ausmacht, und hofft, dass ihr Traum von einer menschlichen Stadt einmal Wirklichkeit wird. So wünscht sie sich, dass jede Fabrik von einem Grüngürtel umgeben wäre und die Stadt unter Berücksichtigung der regional vorherrschenden Windrichtung geplant sowie alle Areale, die der Erholung dienen oder in denen Menschen zusammentreffen, in Parks und begrünte Zonen einbezogen würden. So auch die Wohngebiete, damit ein jeder ohne großen Aufwand Natur erleben könne.

Sie klagt die Wohnungsspekulationen von Investoren und Architekten an, die auch vor der Zerstörung der großartigen Parks von Orsay nahe Paris nicht Halt machen. Sie prangert allein dem Gewinn dienende Aktivitäten an, die sich über die Interessen der Gemeinschaft hinwegsetzen und deren Initiativen schaden. Dabei belässt sie es nicht bei verbalen Angriffen. Sie dokumentiert selbst die realen Verhältnisse, zeigt für alle sichtbar

die fortschreitende Zerstörung idealer Bedingungen für das Gemeinwohl. Seit den 1920er Jahren wendet sie sich vermehrt der Fotografie zu. Für die Vorbereitung von *La Grande Misère de Paris* durchstreift sie die ärmsten Viertel der Hauptstadt und fängt unzählige Situationen ein. Damit schafft sie zugleich ein poetisches Werk. Die Fotografie – wie jenes Bild des kleinen Jungen mit seinem Papierflugzeug, das sich in *La Grande Misère* zusammen mit einem politischen Text findet – ist ihr Mittel, dem Geschriebenen Nachdruck zu verleihen. Sie kann durch eine Vergrößerung der Wirklichkeit die verborgenen Strukturen unserer Welt erfassen, etwa in den überlebensgroßen Panoramen, wie sie sie später in ihren pädagogischen Wandbildern einsetzt. Fotografieren heißt für sie sehen lehren. Bestimmte Grundtatsachen grundieren als wiederkehrende Motive ihre Bilder. In *La Grande Misère de Paris* wird zum Beispiel immer wieder auf die hohe Jugendarbeitslosigkeit hingewiesen, darauf, wieviel Produktivkraft dadurch brachliegt. Die Fotografie ist für Charlotte Perriand ein zivilgesellschaftlicher, engagierter Akt, der wachrufen soll.

Charlotte ist nicht die Einzige, die die Möglichkeiten dieser Kunst erfasst. Im Mai 1935 organisiert die AEAR in der *Galérie de la Pléiade* am Boulevard Saint-Michel ihre erste Fotoausstellung, und Louis Aragon erklärt in der Zeitschrift

In dieser kreativen Periode wurden avantgardistische Künstlerinnen zu Denkerinnen, Forscherinnen, politischen Kämpferinnen und Reisenden.

Commune: »Zukünftig müssen wir dafür sorgen, dass Fotos dazu da sind, etwas auszusagen.« Auch andere Frauen sind Teil dieser Bewegung. Nora Dumas – Charlotte bewundert sie besonders für ihre Reportagen aus dem ländlichen Raum –, Dora Maar, Germaine Krull und Simone Caby-Dumas. Sie haben uns unschätzbare Reichtümer an Fotografien hinterlassen, Zeitdokumente, die zugleich Kunstwerke sind. Heute sind diese Frauen in Frankreich noch immer zu wenig bekannt – trotz der großartigen Retrospektive für Germaine Krull 2015 im Pariser *Musée du Jeu du Paume* und der bemerkenswerten Ausstellung *Photographie, arme de classe* 2018 im Centre Pompidou. Diese Frauen eint ein Gedanke: die Kunst soll die Empathie des Betrachters wecken. Man glaubt nur, was man sieht. Und weil die Bourgeoisie nicht kommen will, um zu sehen, zeigt man ihr auf diesem Weg, was sie nicht wissen will.

Verknüpft mit Charlottes Kampf für eine bessere Gegenwart sind immer auch ihre Träume von der Zukunft. In ihr sollen ideale Lebensformen für alle Schichten der Bevölkerung herrschen, mit verbesserten Wohn- und Arbeitsbedingungen, modernen Schulen und Freizeiteinrichtungen. Weit vor allen anderen warnt sie vor der Gentrifizierung von Paris und deren Folgeschäden.

Für Charlotte muss ein Kunstwerk einen Nutzen haben, etwas bewirken. Sie zögert daher nicht, das Vorzimmer zum Büro eines Freundes, des Landwirtschaftsministers Georges Monnet, in einen Raum für pädagogische Aktivitäten und Propaganda im Dienst der Volksfront linker Kräfte umzufunktionieren. Und für den *Pavillon de l'Agriculture* der Pariser Weltausstellung 1937 macht sie etwas Ähnliches: zusammen mit ihrem Freund Fernand Léger konzipiert sie eine riesige Installation von hundertzehn Metern Länge aus zwanzig Tafeln mit Fotocollagen. Erstellt hat sie diese mit Hilfe von François Kollar, einem der größten Fotografen der Zeit. Gezeigt werden Landschaften und Gesichter des ländlichen Frankreichs – fünfzig Prozent der Bevölkerung leben auf dem Land –, begleitet von Kommentaren. Die erste Stellage aus drei Paneelen wendet sich mit den folgenden Worten an die Betrachter: »Auf dem Lande wie in der Stadt sollen die Arbeiter von besserer Sozialgesetzgebung profitieren.«

Wie immer macht sich Charlotte zunächst mit Fakten und statistischen Daten vertraut und inszeniert dann den Raum mit Slogans, Parolen und der Einforderung sozialen Fortschritts – ein wahres Ballett aus Buchstaben und Fotografien, ein regelrechtes Festival der Erkenntnis! Léon Blum eröffnet die Ausstellung mit den Worten: »Wir wollen, dass diese Ausstellung des französischen Denkens, der französischen Kunst, dessen, was französische Arbeiter erschaffen haben, vor der ganzen Welt bezeugt, was ihr seid, was wir sind, was das republikanische, sozialistische und kommunistische Volk dieses Landes ist: vorwärtsgewandt und

Die Jahre in Japan

Passagiere der *Hakusan Maru*.
Foto von Charlotte Perriand, 1940

**Die Jahre
in Japan** Passagiere im Schwimmbecken an Deck der
Hakusan Maru, Überfahrt Marseille–Kōbe, Foto
von Charlotte Perriand, 1940

**Die Jahre
in Japan**

oben: Matrose an Bord der *Hakusan Maru*. Foto
von Charlotte Perriand, 1940 unten: Narimitsu
Matsudaira und Charlotte Perriand an Bord
der *Hakusan Maru*, 1940

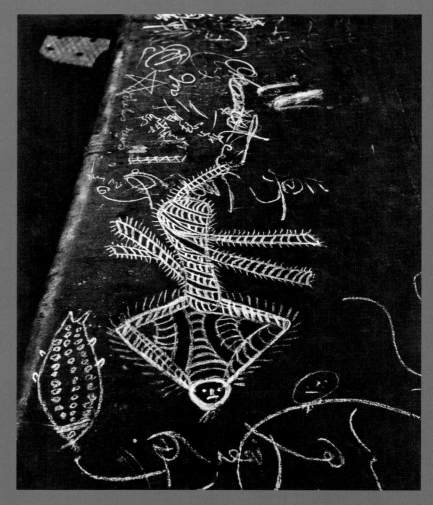

**Die Jahre
in Japan**

oben links: Eine Passagierin der *Hakusan Maru*.
Foto von Charlotte Perriand, 1940
rechts: Kreidegraffito eines Matrosen an Deck der
Hakusan Maru. Foto von Charlotte Perriand, 1940
unten links: Ein Passagier der *Hakusan Maru*.
Foto von Charlotte Perriand, 1940

**Die Jahre
in Japan**

Charlotte Perriand bei einem Zwischenstopp
in Shanghai. Foto von Kunio Maekawa, 1940

stark.« Der Besucherandrang ist überwältigend. Heute würde man diese Ausstellung als »Installationskunst« bezeichnen. Leider ist uns davon nichts geblieben außer Schwarzweißfotografien. Aber auf die Nachwelt kommt es Charlotte bei diesem Projekt auch nicht an, sie zielt auf die unmittelbare Wirkung, das Kurzlebige ist gewollt.

Inspiriert vom sowjetischen Vorbild, ist ihr jedes Mittel zur politischen Erweckung und Bewusstseinsbildung recht. Sie verbindet Architektur und Malerei, arbeitet mit Malern zusammen und entdeckt den Muralismus, großflächige Wandmalereien, als ihrem politischen Engagement adäquate Kunstform. Sie ist nicht die Einzige, die diese aus Mexiko bekannte Technik übernimmt. Für die *Exposition internationale des arts et techniques dans la vie moderne,* die Weltausstellung 1937, erarbeitet Sonia Delaunay Wandmalereien für das *Palais de l'air* und den Eisenbahnpavillon und entwickelt im folgenden Jahr anlässlich des *Salon des Tuileries* eine umfangreiche Komposition für den Skulpturenraum. Beide Frauen wollen eine Kunst, die öffentlich ist, die sich neue Bezüge sucht, eine abstrakte Kunst, in der sich das Sinnliche mit dem Intellektuellen und das Ursprüngliche mit dem Zukünftigen verbindet.

Die Kunstgeschichte hat Sonia Delaunay lange Zeit auf ihre Rolle als Ehefrau Robert Delaunays reduziert. Auf ihre Wiederentdeckung folgte die Wiederanerkennung. Das *Musée d'Art moderne* der Stadt Paris widmete ihr schließlich, fünfzig Jahre nach ihrer ersten Retrospektive, eine Hommage mit über vierhundert Werken, die zuerst in Frankreich, dann in London ein großes Publikum anzog.

Das Schicksal der avantgardistischen Künstlerinnen jener Zeit stellt noch heute ein Paradoxon dar. In dieser kreativen Periode wurden sie auch zu Denkerinnen, Forscherinnen, politischen Kämpferinnen und Reisenden. Viele strömten aus der ganzen Welt nach Paris, der *Ville lumière,* wo sie Zugang zur Kunstwelt hatten und ausstellen konnten. Ein noch so gelungener ästhetischer Zugang, eine noch so originelle künstlerische Sicht auf die Wirklichkeit bedeuten aber nicht notwendigerweise gesellschaftliche Akzeptanz. Viele Künstlerinnen hatten mit massiven Vorbehalten zu kämpfen. Kann sich eine Frau überhaupt vorstellen, wie die Welt hinter ihren Erscheinungsformen beschaffen ist? Hat sie das Recht dazu? Ist es nicht gefährlich, an der Essenz der Welt zu rühren? Sonia Delaunay gestand man zwar zu, »auch malen« zu können; in den Kunstgeschichten aber wurde immer zuerst Robert genannt, auch wenn sie ihm in mancher Hinsicht voraus war. Die Farbe stand für das Weibliche, also für Sonia, die Linie für das Männliche, also für Robert. Sonia wurde ebenso wie Charlotte lange Zeit lediglich als Dekorateurin gesehen – mit durchaus verächtlichem Beiklang. Ihr unbedingtes Engagement für ihre jeweilige Kunstform machte diesen Frauen das Leben sicher nicht leicht. Aber sie wollten nicht klagen, sondern vorwärtskommen.

Gegen so viele Widerstände an ihre Kreativität und ihren Willen zu glauben, erfordert Mut und Entschlossenheit von Charlotte, gleich einer Durchquerung der Wüste. Wenn nichts mehr geht, flieht sie aus Paris und sucht die Einsam-

> »Es ist dein Land, aber es ist zu Ende damit. Sag allen Lebwohl, so, als seien sie gestorben. [...] Nerv um Nerv, eine Bindung nach der anderen, du hast alle durchschnitten.«

keit, um sich zu sammeln. Vor Ausbruch des Zweiten Weltkriegs zieht sie sich 1939 sechs Monate lang in ein Bergdorf am Plan d'Osier zurück, wo sie in einem winzigen Zimmer von sieben Quadratmetern haust, vom Stall nur durch eine Bretterwand getrennt; die Kühe spenden ihr Wärme. Aber weder ausgedehnte Wanderungen noch das Gipfelpanorama dämpfen ihre Angst vor dem Faschismus. Als sie nach Paris zurückkehrt, hat sie kein Geld mehr, keine Arbeit, keinen Glauben an die Zukunft. Sie wartet dort auf Pierre Jeanneret, der die Verbindung zu seinem Cousin Corbu nie abgebrochen hat, und träumt von provisorischen Bauten für den unabwendbaren Krieg: Barackenlager für Soldaten, Flüchtlingssiedlungen, mobile Schulen. Sie hält es jedoch nicht aus, in Paris untätig auszuharren, und überlegt ernsthaft, nach New York überzusiedeln, stellt sogar schon einen Katalog ihrer Arbeiten zusammen, um dort ein Büro anmelden zu können. Unterkunft könnte sie, wie sie weiß, zunächst bei ihrem Freund Josep Lluís Sert und dessen Frau finden. Wink des Schicksals? Eines schönen Morgens erhält sie ein Funktelegramm von Junzō Sakakura, einem ihrer alten Kameraden aus Le Corbusiers Werkstatt und Architekt des wunderschönen japanischen Pavillons auf der Pariser Weltausstellung von 1937. Er teilt ihr mit, dass die japanische Regierung sie einlädt, als ihre Beraterin für Industriekunst nach Japan zu kommen. Sie willigt sofort ein und bricht am 15. Juni 1940 ans Ende der Welt auf, wo sie keinen Menschen kennt.

Abenteuerlust war immer einer ihrer vorherrschenden Züge, aber diesmal flieht sie auch vor dem Gefühl der Niederlage ihres Heimatlandes. Sie will eine andere Kultur für sich entdecken und bewusst alle Verluste hinter sich lassen und abschreiben: »Es ist dein Land, aber es ist zu Ende damit. Sag allen Lebwohl, so, als seien sie gestorben. [...] Nerv um Nerv, eine Bindung nach der anderen, du hast alle durchschnitten, du hast nicht gedacht, dass du es so gut kannst. Der erste Schnitt ist der einzige, der zählt.«

Charlotte ist nicht die erste künstlerische Persönlichkeit aus dem Westen, von der sich das japanische Handels- und Industrieministerium Anregungen zu einer modernen Erneuerung traditioneller Handwerkskunst erhofft: Vor ihr waren schon Bruno Taut und Madame Prill-Schoemann mit vergleichbaren Missionen betraut worden. Aber dennoch: mitten im Krieg in ein fernes Land aufzubrechen, ohne Garantie, zurückkehren zu können... In Charlottes Leben gab es immer wieder Momente, in denen sie schnell und intuitiv entschieden hat, wie eine Pokerspielerin. Sie glaubt an die Erweiterung ihres Horizonts, die jede Reise ihr bringt. Flüchtet sie vielleicht auch aus einer komplizierten Liebesbeziehung mit Jeanneret? Will sie allein sein, um sich wiederzufinden und eine neue Lebensphase zu beginnen?

Sie ermutigt ihr Publikum aus Studenten und Kunsthandwerkern, nicht den Westen zu kopieren, sondern die eigenen Traditionen zu bewahren.

Die Reise wird viel schwieriger als vorausgesehen und bringt abrupte Veränderungen mit sich. Die Behörden erwarten aufgrund ihrer Produktionserfahrung Vorschläge für eine Gewinnsteigerung, während Charlotte sich eher als Künstlerin, Anthropologin, Intellektuelle denn als kommerzielle Beraterin der japanischen Industrie sieht.

Begeistert von der Schönheit der Gesichter, der Landschaften, der Wohnungen, fasziniert von der traditionellen Handwerkskunst, den Kostümen, den rituellen Tänzen, dem unzerstörbaren Band zwischen dem Religiösen, dem Menschen und der Natur beschließt sie sofort, alles aufzuschreiben und in Skizzen festzuhalten. Ihre Notizen lassen vermuten, dass der Taoismus ihre Weltsicht tief beeinflusst hat. Schon immer bedeutete ihr Leere mehr als Fülle, Weniges mehr als Zuviel, war ihr die Harmonie zwischen Architektur und Leben wichtig. Nun verliebt sie sich in die Seele Japans. Das wird offenbar, als sie 1941 die Ausstellung *Sélection Tradition Création* betreut, die erste Ausstellung französischer Kunst und französischen Designs in Japan. Die Wirkung auf das Publikum ist enorm, auch wenn einige Besucher überrascht sind, dass Kunsthandwerkern, auch wenn sie herausragende Arbeiten schaffen, derartig viel Bedeutung zugemessen wird. Doch für Charlotte gilt: Alles, was schön ist, bleibt schön, egal, ob es von Kunsthandwerkern oder Künstlern geschaffen wird. Sie vergisst auch den Auftrag nicht, den ihr Georges-Henri Rivière, Gründer des *Musée national des Arts et Traditions populaires*, vor ihrem Aufbruch aus Paris erteilt hat, nämlich den Grundstock für eine volkskundliche japanische Sammlung zu legen. Und sie erledigt die Aufgabe, die ihr die Kunstzeitschrift *Cahiers d'art* und der Direktor der *École des beaux-arts* in Paris anvertraut haben: einen Katalog von Kunstwerken anzulegen. Bewundern, aufnehmen, vergleichen, berichten, ordnen.

Charlotte absolviert Auftritte überall im Land, besucht die abgelegensten Provinzen. Sie ermutigt ihr Publikum aus Studenten und Kunsthandwerkern, nicht den Westen zu kopieren, sondern die eigenen Traditionen zu bewahren. Aus der Beobachtung der bäuerlichen Lebenswelt, aus ihrer Lektüre religiöser Texte und aus zahlreichen Begegnungen zieht sie darüber hinaus eine philosophische Lehre: »Gelassen bleiben. Ruhig. Weniger verdienen, weniger arbeiten. Aus möglichst wenig ein Maximum an Freude!« Das notiert sie 1942. Dennoch fühlt sie sich abgeschnitten von ihrer Familie und ihren Freunden und will zurück nach Frankreich. Der Krieg aber hindert sie daran. Sie darf sich zwar nach Hanoi einschiffen, sitzt aber nach Pearl Harbor dort fest. Jetzt will sie um jeden Preis nach Japan zurück. Nach einem Zwangsaufenthalt in Singapur schafft sie es unter abenteuerlichen Umständen per Schiff – Charlotte kann nichts schrecken – wieder bis nach Tokio. Dort kommt sie bei einer befreundeten Familie unter, ständig streng bewacht von der japanischen Polizei. Sie versucht abermals, nach Frankreich zu gelangen, diesmal über Saigon, Phnom Penh, Angkor und wieder Hanoi. Dort lässt sie sich von der Kolonialverwaltung Französisch-Indochinas für die Generalinspektion Bergbau und Industrie anwerben, als Verantwortliche für das Kunsthandwerk. In dieser chaotischen Lebensphase, als sie ohne Verbindung nach Frankreich in Indochina festsitzt und längst bereut, auf diese Irrfahrt gegangen zu sein, trifft sie Jacques, einen ehemaligen Beamten aus der Marineverwaltung, jetzt in leitender Stellung bei der Wirtschaftsadministration für Französisch-Indochina. Charlotte glaubt an das Schicksal. Sie hat ein sentimentales Wesen, spricht von ihrer Begegnung mit Jacques als der »Wiedervereinigung zweier Handvoll Sternenstaub am Himmel« oder der »Verschmelzung von Nord- und Südpol«.

Die Hochzeit findet im Mai 1943 in Dalat statt und danach durchquert das Paar die Plaine des joncs auf Elefanten, das Gewehr umgehängt, um Tiger und Büffel zu schießen, auch wenn die einzigen Tiere, die ihnen begegnen, Brüllaffen sind. Mitten im amerikanischen Bombenhagel auf Hanoi, bei Luftalarm Tag und Nacht, wird Pernette geboren. »Meine Arbeit wurde sinnlos, ja unmöglich. Ich hatte ein Baby zu beschützen. Meine wahren Probleme fingen erst an; ich fühlte mich eher fähig, eine Stadt zu bauen, als einen Säugling großzuziehen.« Es folgt eine ununterbrochene Pechsträhne: Charlottes Ehemann wird von der japanischen Besatzungsmacht festgenommen, sie wird mitsamt dem Baby interniert, erst Pernette, dann auch Charlotte infizieren sich mit Cholera, dann mit Denguefieber.

Nach der Kapitulation Japans proklamiert Ho Chi Minh in Hanoi die Demokratische Republik Vietnam und fordert das Ende der französischen Kolonialherrschaft. Charlotte muss die Gräueltaten mitansehen, die in jenen Tagen des entfesselten Furors begangen werden, und denkt nur noch daran, ihr Kind zu retten. Im Februar 1946 verlässt sie Indochina mit zwei Säckchen weißem und schwarzem Pfeffer als einzigem Gepäck, einem Geschenk von Pernettes chinesischem Kindermädchen. Wunderbarerweise kann sie auch die Dokumentation ihrer Arbeiten in Japan und Indochina retten. Sie ist jetzt sechs Jahre nicht in Frankreich gewesen. Niemand wartet dort auf sie. Sie ist deprimiert. Sie erkennt Paris nicht wieder, findet alles grau, die Menschen abweisend. Sie darf nicht einmal mehr als Architektin firmieren, seit das Pétain-Regime per Gesetz diesen Beruf zu einer akademischen Profession erhoben hat. Nur drei Architekten ohne Diplom einer Kunsthochschule dürfen sich noch als solche bezeichnen: Eugène Freyssinet, Auguste Perret und Le Corbusier.

Gestalterin? Sie hat vieles geschaffen und mit anderen gemeinsam entwickelt, verfügt aber nicht über die offiziellen Nachweise, die von einer Gestalterin verlangt werden. An manchen ihrer Werke hat sie nicht einmal das Urheberrecht. Wie viele kreative Frauen beschließt sie zwangsläufig, neu anzufangen. Zu ihrem Optimismus kommt die Notwendigkeit, sich ihren Lebensunterhalt zu verdienen – und das heißt, sich wieder der Innenarchitektur zuzuwenden.

62

**Die Jahre
in Japan**

links: Torii. Foto von Charlotte Perriand,
1940 oben rechts: Junge Japanerinnen in einem
traditionellen japanischen Haus. Foto von
Charlotte Perriand, 1940 unten rechts: Sōri
Yanagi, Tomo Mikami und Charlotte Perriand
in einem Restaurant. Japan, 1940

**Die Jahre
in Japan**

Charlotte Perriand studiert mit zwei Möbel-
tischlern die Herstellung eines Tisches
aus Kiefernbrettern. Junzō Sakakura fungiert
als Dolmetscher. 1940

**Die Jahre
in Japan**

Charlotte Perriand arbeitet am Prototypen des
chaise pliante, 1939

**Die Jahre
in Japan**

links: Francis Haar, Étienne Sicard, Charlotte
Perriand und Junzō Sakakura vor dem Foto eines
Nô-Darstellers, 1941 oben rechts: Charlotte
Perriand diskutiert mit Narimitsu Matsudaira
Forschungsinstitut für Industriedesign, Sendai,
12. November 1940 unten rechts: Japanische Kinder.
Foto von Charlotte Perriand, 1940

**Die Jahre
in Japan**

oben links: In den japanischen Bergen. Foto
von Charlotte Perriand, 1940 oben rechts: Junge
Japanerinnen. Foto von Charlotte Perriand, 1940
unten links: Handwerker in Indochina. Foto von
Charlotte Perriand, 1940 unten rechts: Bauern in
Indochina. Foto von Charlotte Perriand, 1942

**Die Jahre
in Japan**

Traditionelle japanische Wohnhäuser.
Foto von Charlotte Perriand, 1940

**Die Jahre
in Japan**

Traditionelle japanische Wohnhäuser.
Fotos von Charlotte Perriand, 1940

**Die Jahre
in Japan**

Der *Pavillon de l'Artisanat* in Hanoi. Entwurf
von Charlotte Perriand. Bau in Zusammenarbeit
mit dem *Institut des recherches agronomiques,
eaux et forêts,* 1943

Die freie Frau

**Fluchten
und Reisen**

Charlotte Perriand in den Bergen, 1932

Charlotte wird in eine Zeit hineingeboren, in der die Rolle der Frau auf dem Prüfstand steht – zumindest in bestimmten Gesellschaftsschichten. Das traditionelle Frauenbild der Mutter, Ehefrau und Herrin der Küche – der Raum, für den sie prädestiniert scheint – gerät ins Wanken. Seit Beginn des 20. Jahrhunderts wagen sich die Frauen zunehmend in die Arbeitswelt vor.

Schon Charlottes Mutter entschied sich, arbeiten zu gehen. Sie verließ ihr Dorf mit fünfzehn Jahren, um in Paris als Schneiderin zu arbeiten. Auch ihre ältere Schwester war nach Paris gegangen. Sie hatte sich dort an der Schule der *Union centrale des arts décoratifs* eingeschrieben. Das war noch gar nicht so lange möglich. Schließlich hatten Frauen noch bis 1870 keinen Zugang zu höheren Bildungsanstalten. An den für sie vorgesehenen privaten Instituten sollten sie nur zu guten Ehefrauen und tadellosen Müttern herangezogen werden. Erst 1880, aufgrund des nach dem Politiker Camille Sée benannten Gesetzes, des *loi Camille Sée*, wurde auch Mädchen der Zugang zur Oberstufe an öffentlichen Schulen ermöglicht. Das der Abiturprüfung entsprechende *baccalauréat* hatten aber weder Charlottes Mutter noch sie selbst ablegen können – erst ab 1924 wurden hierfür Mädchen zugelassen.

Charlottes Mutter ist selbstständig in ihrem Beruf und arbeitet viele Stunden am Tag, um alle Bestellungen ausführen zu können. Das Beispiel ihrer Mutter, die Wert auf finanzielle Unabhängigkeit legt, hart arbeitet und auf die Zukunft vertraut, prägt maßgeblich Charlottes Temperament und Charakterstärke. Schon als kleines

Mädchen ist sie Optimistin und von eiserner Willenskraft. Ihre Mutter glaubt an sie und Charlotte wird sich immer bemühen, den Maßstäben dieser Frau gerecht zu werden, die ihr den Glauben an ihre eigene Autonomie und Selbstverwirklichung vermittelte.

Damals sind in Frankreich 36 Prozent der Frauen berufstätig, das heißt eine Million im Jahr 1906. 1921 steigt ihre Zahl auf 1,22 Millionen, 1926 auf 1,47 Millionen. In den Städten wächst das Heer der Arbeiterinnen unaufhörlich; sie müssen mit für den Unterhalt der Familie sorgen, da die Löhne der Männer zu niedrig sind. Zwei von drei verheirateten Müttern sind gezwungen mitzuverdienen, meist in handwerklichen Berufen.

Eine arbeitende Mutter geht zumeist davon aus, dass auch ihre Tochter arbeiten wird, gerade weil sie ihr eine bessere Zukunft wünscht. Als Charlotte in der Grundschule durch ihr Zeichentalent auffällt, liegt es nahe, dass die Mutter nach einem Gespräch mit ihrer Schwester Charlotte ebenfalls an der Schule der *Union centrale des arts décoratifs* einschreibt. Charlotte beginnt zunächst als Täschnerin, entscheidet sich aber sehr schnell für die Architektur. Damals wurden die zukünftigen »Dekorationskünstler« noch in Design, Dekoration, Inneneinrichtung und Baukunst unterrichtet. Die Absolventen dieses Ausbildungsgangs sollten alles bauen können, ein Bett oder ein Sofa ebenso wie einen Paravent, und dabei in der Lage sein, alle in Betracht kommenden Materialien zu verwenden. Im ersten Jahr ist Charlotte keine gute Schülerin, sondern verträumt und undiszipliniert. Sie schwänzt, wie Briefe an ihre

Schulfreundinnen zeigen, oft den Unterricht und geht in den Bois de Boulogne, wo sie sich in der Kunst des Kanufahrens hervortut, oder in den Jardin du Luxembourg. Sie riskiert dabei, von der Schule zu fliegen - und prompt passiert es. Um die Schulleitung davon zu überzeugen, sie wieder aufzunehmen, verbringt sie einen Sommer damit, eifrig die Bäume und Statuen in den Tuilerien zu zeichnen. Sie lässt sich den Rauswurf – den ihr die Mutter die ganze Jugendzeit immer wieder vorwirft – eine Lehre sein. Sie wird zur Musterschülerin, verhätschelt und bevorzugt von ihren Lehrern Rapin und Dufresne, die bei Charlottes Schulabgang die von der *Union centrale* finanzierten Arbeiten der Lieblingsschülerin stolz präsentieren. Charlotte wird zum Arbeitstier. Nur die Arbeit kann ihr Unabhängigkeit und Freiheit sichern. Sie entscheidet sich schon in jungen Jahren, ihren eigenen Lebensunterhalt zu verdienen, um von niemandem abhängig zu sein, zunächst als Innenarchitektin.

Die Begeisterung für diese neue Disziplin – eine einzigartige Inneneinrichtung zu schaffen, die der gesellschaftlichen Stellung der Bewohner ebenso wie ihrer Persönlichkeit entspricht – datiert vom Beginn des Jahrhunderts. 1901 wurde in Paris die *Société des artistes décorateurs* (SAD) gegründet, die Gesellschaft der »Dekorationskünstler«, der Innenarchitekten. Damals war noch keine Rede von »Stil« oder gar »Design«, aber Architekten wie Hector Guimard oder Eugène Gaillard und jüngere wie Pierre Chareau oder Maurice Dufrêne hatten bereits das Bedürfnis, ihre Arbeiten in Ausstellungen zu präsentieren,

ganz wie Maler oder Bildhauer. Ab 1906 organisierte die *Société des artistes décorateurs* im Pavillon de Marsan[3] eine jährliche Ausstellung, zu der sich ein Publikum aus Aristokraten und Großbürgern, Ästheten und Künstlerkollegen einfand. Sie alle interessierten sich für die neuen Tendenzen, wollten die aktuellen Entwicklungen verstehen, mit der Zeit gehen. Denn es war eine ästhetische Revolution, die stattfand. Eine Revolution, die einherging mit Umwälzungen geistiger, seelischer und sexueller Art. Was geschieht mit dem eigenen Körper, wenn man ganz bei sich ist? Was fängt man dann mit sich an? Zwischen hygienischen Erfordernissen einerseits und der Feier des Eros andererseits spielen die Frauen ihre besonderen Fähigkeiten aus und erfinden eine neue Lebensweise. Charlotte verkörpert diesen neuen Geist mit der ihr eigenen Kraft, als Erfinderin, Konstrukteurin und Denkerin in die Zukunft.

Frauen, die sich gedanklich so intensiv mit den neuen Lebensformen auseinandersetzen, sind noch selten. Aber Charlotte ist nicht die einzige. Da gibt es Eileen Gray, die eine Vierteljahrhundert vor Charlotte geboren wurde. Sie lehnt – wie Charlotte später – den Art déco ab und konzipiert ein modernes Mobiliar, das sich bald einer begüterten Kundschaft erfreut. Eileen bahnt Charlotte den Weg. Sie teilen die Vorliebe für neue Materialien – wie etwa Stahl – und die Leidenschaft für Architektur. Sie werden zu Vordenkerinnen völlig neuer Funktionen und Raumkonzeptionen.

Zu den Wegbereiterinnen gesellschaftlicher Umwälzungen gehörte auch Rose Adler. Sie tritt erst 1917, nach Charlotte also, in die *Union cen-*

---

[3] Im Pavillon de Marsan im Nordwesten des Louvre befindet sich seit 1905 das *Musée des Arts décoratifs*.

trale des arts décoratifs ein, ebenso wie in die *École du Comité des dames*. Während ihrer fünfjährigen Ausbildung dort erlernt sie auch das Buchbinderhandwerk bei Henri Noulhac. Anfang der 1920er Jahre erhält sie den Status einer Berufsdekorateurin. Sie ist damit anerkanntes Mitglied des Berufsverbandes und berechtigt, Werkstätten der SAD mit der Ausführung ihrer Entwürfe zu beauftragen. Sie nimmt, wie einige Jahre später auch Charlotte, an Ausstellungen teil, die der Verband im Pavillon de Marsan veranstaltet. Die Buchbinderwerkstatt war damals der bekannteste Bereich der Schule. Rose Adler wurde vor allem durch ihre Buchbindearbeiten bekannt, schuf aber ebenso Möbel und Raumdekorationen und war als Fotografin tätig. Wie Charlotte stellt sie hohe ästhetische und moralische Ansprüche an die Formenwelt einer neuen Zeit. So schreibt Rose, »in der Innendekoration muss man alles Unnötige abwerfen, wie man Spreu aussiebt. Alles, was uns daran hindert, unsere Kräfte auszunutzen, statt es zu erleichtern. Man muss mit einem Minimum an Mitteln maximale Eloquenz erzielen.« Das Material müsse »nicht unbedingt an sich wertvoll sein, der Nutzen kann es wertvoll machen.« Sie verwandelt ihre alte Wohnung aus dem 19. Jahrhundert in ein Experimentierfeld und freundet sich mit Künstlern wie Man Ray, Joan Miró, Jean Lurçat, Hans Arp und Marc Chagall an. Heute wird sie dank der von Hélène Leroy herausgegebenen Edition ihres wunderbaren und lehrreichen Tagebuchs wiederentdeckt, ein hervorragendes Werk für das Verständnis der künstlerischen und politischen Intensität jener Zeit.

Auch Charlotte Perriand wird gerade in einer großen Ausstellung der *Fondation Louis Vuitton* in Paris wiederentdeckt. Vergessen jedoch hat die Geschichte Frauen wie Chana Orloff, Germaine Everling, Juliette Roche, Louise Hanson-Dyer, Dollie Chareau, Jeanne Moussinac. All diese talentierten Frauen kostete es viel Mut und Hartnäckigkeit, sich selbst als Künstlerinnen zu sehen, die nicht nur ausführen, sondern eigenständig etwas schaffen. Eine wichtige Rolle spielte hier das *Comité des dames* der *Union centrale des arts décoratifs*. Anfangs nur als eine Wohltätigkeitseinrichtung für Mädchen gedacht, die Häkeln und andere Handarbeiten lernen sollten, die ihnen im Rahmen der bürgerlichen Lebensweise wohl anstanden, entwickelte es sich zu einer wahren Talentschmiede für Frauen. Hier ermutigte man sie, sich selbst zu vertrauen, lernten sie, die ihnen gezogenen Grenzen zu überschreiten.

Charlotte erlebt eine Welt, in der, wie es in ihren Erinnerungen heißt, ihr Ich die Expressivität der Straße ganz in sich aufnimmt. Sie tanzt zu den Melodien Louis Armstrongs, sieht die Filme Jean Cocteaus, bewundert Josephine Baker in ihrer *Revue nègre*. Es ist eine neue, moderne Welt, in der Charles Lindbergh mit seinem Flugzeug ein erstes Mal nonstop eine Brücke schlägt zwischen New York und Paris, eine Welt, die vibriert, die in Bewegung ist – und deren Geschwindigkeit im Einklang ist mit der Rapidität, in der ihre Ideen ihr zuströmen. Sie befreit sich von allem, was zum »guten Ton« gehört und was man im Faubourg Saint-Antoine kaufen kann: Möbel nach Vorbildern aus dem vorigen Jahr-

»Es heißt, Dekoration
sei uns lebensnotwendig.
Wir berichtigen: Die Kunst
ist uns lebensnotwendig.«

hundert, ohne Seele, schwer, un-
praktisch, auf traditionelle Art
und Weise hergestellt.

Für Charlotte sind jetzt Wohnen und Leben, Leben und Wohnen ein und dasselbe. Dieses Konzept hat für die engagierten Erneuerer der Lebenswelt künstlerische, ästhetische und poetische Bedeutung. Es geht ihnen nicht darum, dass »die Kunden« ihre Freunde vor Neid erblassen lassen, sondern darum, in ihrer Arbeit die Vermählung von Technik und Fortschritt zu feiern. Es geht um die Schaffung einer modernen industriellen Kunst. Ab 1923 werden in der Ausstellung der dekorativen Künste Inneneinrichtungen gezeigt, die diesen Anspruch erfüllen. Charlotte wird erstmals 1925 zugelassen, mit Schöpfungen, die allerdings noch stark vom Art déco inspiriert sind. Zwei Jahre später jedoch, also mit vierundzwanzig Jahren, erwirbt sie sich einen Ruf als Erneuerin.

Mit ihrer *Bar sous le toit,* wir haben es vorne gesehen, zeigt sie, dass man auch in einem ganz kleinen Raum ein wahrhaftes Nest schaffen kann, einen Ort der Begegnung und des Austauschs, eine Ode an die Moderne durch die Verwendung von Metall und leicht umstellbaren Möbeln, eine Feier der *garçonne,* der Heldin des Erfolgsromans von Victor Margueritte. Denn was Charlotte hier präsentiert, ist eine Bar und kein Esszimmer. Charlotte gleicht in vielem übrigens Marguerittes Heldin, die nach materieller Unabhängigkeit und freier Sexualität strebt. Diese übt erst einmal mit ihrem Gefährten eine gleichberechtigte Beziehung, bevor sie sich fürs Leben bindet. Die

Romanheldin, die einen solchen Skandal verursachte, dass der Autor aus der Ehrenlegion ausgeschlossen wurde, denkt und handelt wie ein Mann und betont wiederholt: »Ich gehöre nur mir selbst.« Gilt das auch für Charlotte? Charlotte ist zartfühlend und bescheiden. Sie putzt sich nicht besonders heraus. Sie trägt die Haare kurz — ein klares Zeichen der emanzipierten Frau —, sie ist sportlich, sehr sportlich, und sie tut gern das, was junge Männer gern tun. So lernt sie zum Beispiel Autofahren und lässt sich um nichts in der Welt die Automobilausstellung entgehen, die sie bei Weitem dem Besuch von Museen vorzieht, in denen man vor den Werken der Expressionisten vor Bewunderung erstarrt. Sie lässt sich von den automobilen Kunstwerken inspirieren und trägt ein Kugellager aus verchromtem Kupfer um den Hals als Zeichen »ihrer Zugehörigkeit«. »Ich war stolz darauf, damit nicht auszusehen wie die Königin von England«, erzählt sie in ihrer Autobiografie. Eine Königin aber ist sie doch geworden. Sehr jung, zu jung, um davor nicht auch ein bisschen Angst zu haben.

Es ist schwierig, in Charlottes Jugend die Sehnsucht nach Natürlichkeit und Freiheit zu trennen von der Absicht, bewusst Klischees zu sprengen. Sie lässt alle Regeln des guten Benehmens, wie sie damals für junge Frauen galten, hinter sich — sie reist allein, bildet unbefangen und unschuldig mit männlichen Kameraden Sportmannschaften. Sie hat mehrere amouröse Aben-

»Das heißt, eine interesselose Hingabe, die uns über die Niederungen des gemeinen Lebens erhebt.«

teuer, eines davon mit einem Italiener, einem gewissen Giuseppe, ohne dass von einer zukünftigen Heirat die Rede wäre, was damals noch keineswegs üblich war. Noch immer hält die Gesellschaft Léon Blums 1907 veröffentlichtes Buch *Du mariage (Über die Ehe)* für skandalös. Blum wandte sich gegen eine lebenslange Monogamie, zu der man sich mit einem Partner verpflichtet, bevor man ihn richtig kennengelernt hat. Er forderte stattdessen die Möglichkeit mehrerer freier Partnerschaften vor der Heirat auch für junge Frauen. Charlotte verliebt sich gern, denkt aber dabei nicht an Heirat, sondern möchte einfach nur eine gute Zeit mit jemandem verbringen, der wie sie selbst gerne tanzt, trinkt und leichthändig Klavier spielt, so bezeugt in einem leidenschaftlichen Briefwechsel aus ihrem Nachlass, den sie zwischen 1921 und 1924 mit einem jungen Soldaten führt. Er nennt sie Charley und gibt ihr den Spitznamen Dornröschen. Sie tut, worauf sie gerade Lust hat; dabei ist ihr egal, ob es ein kämpferischer Akt oder eine Provokation ist. Am 22. Dezember 1926 heiratet sie einen eleganten reichen Engländer namens Percy, der für die kirchliche Trauung eigens vom Anglikanismus zum Katholizismus übertritt. In ihren Erinnerungen schreibt Charlotte nichts über die Gründe, analysiert aber die Folgen: »Rückblickend glaube ich, dass die Heirat damals die einzige Möglichkeit für die Raupe war, zum Schmetterling zu werden. Und ein Schmetterling – der kann fliegen.«

Sie erwähnt nicht, dass ihr frisch angetrauter Ehemann ihr im Jahr zuvor ihre Ausstellungsmöbel abgekauft hat, um seine Junggesellenwohnung einzurichten, dass er Tuchhändler ist, dass er über Beziehungen und Geld verfügt. Er ist zwanzig Jahre älter als sie und pflegt, auch wenn er offensichtlich sehr verliebt in die unkonventionelle Charlotte ist, den Lebensstil eines britischen Bourgeois, nicht den eines Abenteurers, der zu allen Schandtaten bereit ist. Er begleitet sie dennoch auf den meisten ihrer Reisen, glaubt entschieden an ihr Talent und beschließt, ihr Mäzen zu werden.

Charlottes Talent wird so früh anerkannt, dass es ihr unheimlich ist. Denn damit sind natürlich auch Erwartungen verknüpft. Sie aber möchte nicht immer das weitermachen, was sie schon kann. Eine Laufbahn als Innenarchitektin lehnt sie ab, ihr Leben würde so in vorgezeichneten Bahnen verlaufen. Sie würde auch künftig für die gleiche wohlhabende und wohl immer zahlreicher werdende Kundschaft arbeiten. Das alles aber will sie nicht. Wie sie in ihrer Autobiografie erzählt, durchlebt sie eine existenzielle Krise: »eine Wand verstellt die Zukunft«.

Ihre Lektüre von Texten Le Corbusiers wird für sie zu einem »überwältigenden Erlebnis« und bestimmt ihre Vision der Zukunft. *L'Art décoratif d'aujoud'hui,* erschienen 1925, verkündet, dass für die Dekorationskunst die Stunde des Niedergangs geschlagen habe. Le Corbusier, der eine Ausbildung als Graveur und Ziselierer absolviert und Angewandte Kunst studiert hat, lehnt sich auf

»gegen die Arabeske, gegen die neblige Unklarheit der Farben und Ornamente«. »All diese Meister der Vergangenheit sind so lästig wie Fliegen. Heute gilt: Die moderne Dekorationskunst kennt kein Dekor.«

Man kann sich heute nur schwer vorstellen, mit welcher visionären Kraft, Wucht und Intensität Le Corbusiers Schriften damals sowohl in die Architektur als auch in die Stadtplanung einschlugen. »Wir arbeiten in der Produktion, der Industrie; wir suchen eine Norm, weit entfernt vom Persönlichen, Willkürlichen, Fantasievollen, Versponnenen: Wir arbeiten nach einer Norm und schaffen typisierte Objekte.« Es geht um eine Vision der Welt, die im Einklang mit der Gegenwart steht, nicht darum, sich in den ästhetischen und politischen Kanon der Vergangenheit zu flüchten. »Es heißt, Dekor sei uns lebensnotwendig. Wir berichtigen: Die Kunst ist uns lebensnotwendig; das heißt, eine interesselose Hingabe, die uns über die Niederungen des gemeinen Lebens erhebt.«

Für die große Ausstellung der *Arts décoratifs* 1925 in Paris entstanden riesige Pavillons entlang des Seineufers zwischen dem Pont Alexandre III und dem Pont des Invalides, in denen Tausende Werke von Dekorationskünstlern und Architekten aus der ganzen Welt gezeigt wurden. Vor den Pavillons waren von dem Modeschöpfer Paul Poiret ausgestattete Schleppkähne an den Quais festgemacht. In diesen von der Kunst des Art déco beherrschten Überfluss an Luxus und Angeberei stellt Le Corbusier seinen *Pavillon de L'Esprit nouveau* – ein regelrechtes Manifest für eine moderne Zivilisation, in dem Dekoration als die kulturelle Haltung einer vergangenen Zeit erscheint. Für den Gründer der Zeitschrift *L'Esprit nouveau* – der Titel bezieht sich ausdrücklich auf Apollinaires Grundsatzerklärung von 1917, »L'esprit nouveau et les poètes« – ist wie für den Dichter Architektur der Ausdruck »erhabener Absichten«. Die Konzeption des Raums muss von der Beobachtung der Natur, dem Glauben an die Wissenschaft und den Tugenden des Fortschritts inspiriert sein. Den Pfauenfedern der Mistinguett zieht Le Corbusier Josephine Bakers Bananen vor. Er tritt nicht nur für eine neue Ästhetik ein, sondern auch für eine neue Lebensweise. Sein Pavillon, eine Konstruktion aus vorgefertigten Gebäudekästen – Wohnungen, die auf einen Innengarten hinausgehen, mit einer Dachterrasse und einem Baum, der den Pavillon durchstößt –, verblüfft in seiner Modernität. Dieser neue Haustyp, gemeinsam mit seinem Cousin Pierre Jeanneret konzipiert, will nützlich und klar sein, denn »alles muss klar sein, wir sind nämlich keine Narren«. Dennoch wird Le Corbusier von der Direktion für einen solchen gehalten. Sie distanziert sich von seinem Gebäude und versteckt es hinter einer sechs Meter hohe Palisade.

Wie Charlotte es in ihren Erinnerungen formuliert, »hatte Corbu Frankreich erwählt, um sich auszudrücken, aber Frankreich hatte ihn nicht angenommen. Der Akademismus herrschte. Die Zurückweisung war gegenseitig, der Kampf erbittert.« Zwei Welten und zwei Visionen trafen aufeinander: einerseits der Clan der sogenannten Modernisten mit Robert Mallet-Stevens, Konstantin Melnikow, Theo van Doesburg, Ludwig Mies van der Rohe, und auf der anderen Seite diejenigen, die noch der Vergangenheit und ihren Vorstellungen anhingen.

Charlotte schließt sich ebenso wie Eileen Gray den Modernisten an. Gray baut ihr erstes Haus als Architektin 1926 in Roquebrune. Eileen ist einundfünfzig Jahre alt, Charlotte dreiundzwanzig. Eileen übernimmt Le Corbusiers Prinzipien: Dachterrasse, Stützpfähle, selbsttragende Wände, mobile Wohnkästen, geringstmöglicher Raumverlust. Charlotte tritt in Le Corbusiers Konvent ein. Sie ist vom Ruhm umstrahlt und sucht die Ausbildung durch den Meister.

Charlotte erwählt Corbu, aber Corbu hat zunächst nicht viel Zutrauen zu ihr. Er braucht sie allerdings, denn die Möbel, mit denen er seine auf der großen Stuttgarter Ausstellung 1927 errichteten Häuser hat ausstatten lassen, stoßen auf heftige Kritik. Aus Zeitmangel hatte er sich um die Inneneinrichtung nicht gekümmert. Charlotte verfügt bereits über großes Fachwissen, hat mir ihrer Kreativität auf sich aufmerksam gemacht, sie kennt sich mit Materialien aus und hat den Willen zur Modernität. Die Zeitungen berichten über sie, sie ist populär und braucht Corbu nicht, um sich eine Kundschaft aufzubauen. Die hat sie bereits. Er dagegen braucht sie für das »finish« der Häuser, die er für reiche Kunden entwirft, und begreift sehr schnell, dass sie begabt, ungezwungen, großzügig und fleißig ist. Le Corbusier hat damals wegen des Erfolgs der Bauhaus-Stahlrohrmöbel Angst, aus der Mode zu kommen. Er weiß, dass er seinen Vorsprung vor dieser Konkurrenz

einbüßt. Er weiß, dass er, um an der Spitze des »Fortschritts« zu bleiben und seine reiche, versnobte Klientel zu halten, ebenfalls Metall einsetzen muss. Er ist intelligent genug, sich mit dem Engagement Charlottes zu verjüngen, um nicht überholt zu werden.

Charlotte hält sich an die fünf Punkte seiner neuen Architektur: Pfahlwerk, Dachterrasse, freie Grundrissgestaltung, langgestreckte Fenster, freie Fassadengestaltung. Die Atmosphäre des Ateliers, in dem die Studenten Tag und Nacht schuften, wenn Aufträge vorliegen, gefällt ihr sofort. Zum ersten Mal arbeitet sie mit Männern zusammen, die aus verschiedenen Ländern und Kulturen kommen, angezogen von Le Corbusier, der ihr Guru ist. Sie hat den Eindruck, dass sie bei ihm wieder ganz am Anfang steht und noch einmal bei null beginnen kann. Für sie eine Möglichkeit, ihren Weg zu finden. Es ist die Suche nach dem Sinn ihrer Tätigkeit, die in ihr den Wunsch reifen lässt, Stadtplanerin zu werden.

Die Harmonie des Menschen ist das, was sie bewegt: »Das Nest des Menschen schaffen und den Baum, der es trägt«. Le Corbusier sagt dasselbe in anderen Worten: »Wir leben in einer revolutionären Epoche. Alle Grundsätze müssen revolutionär sein. Ich bin Revolutionär in allem, was ich unternehme, denn ich will ganz einfach Harmonie schaffen.«

Außer ihrer *Bar sous le toit* hat Charlotte zahlreiche andere Neuerungen vorzuweisen, zu sehen in ihrer soeben eingerichteten Wohnung in der Rue Saint-Suplice: ein Ausziehtisch, ein drehbarer Sessel, ein drehbares Beistelltischchen, ein Wand-

**Fluchten
und Reisen**

Charlotte Perriand fotografiert
von Pierre Jeanneret, zwischen 1927 und 1932

**Fluchten
und Reisen**

Charlotte Perriand auf Kanufahrt,
Balearen, 1932

**Fluchten
und Reisen**

links: Charlotte Perriand an Bord der *Île de Dragonera*, 1932 rechts oben und unten: Im Jachthafen auf Ibiza. Fotos von Charlotte Perriand, 1932

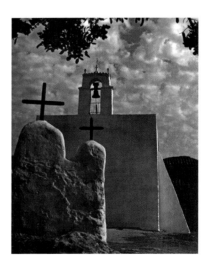

**Fluchten
und Reisen**

oben rechts: Charlotte Perriand und ihr Kanu am
Strand von Santa Ponsa, Mallorca, 1932 oben
links, unten links und rechts: Ibiza. Fotos
Charlotte Perriand, 1932

**Fluchten
und Reisen** Charlotte Perriand in Jugoslawien, 1931

schirm, große Räume ohne Zwischenwände. In einer schlichten Ästhetik ohne viel Drumherum schafft sie einen praktischen Wohnraum für eine Frau, die sich nicht aufs Kochen beschränken will. Wenn sie die Mahlzeiten zubereitet, kann sie in dieser Küche, die sich zum Wohnzimmer hin öffnet, mit ihren Freunden diskutieren. Keine staubigen Nester, kein geschlossenes Abteil, in dem die Frau eingemauert ist, sondern eine neue Art von Gastlichkeit, bei der eine moderne Frau mit kurzen Haaren ihren Freunden Cocktails serviert und dabei Jazz hört. Mit Lötnähten, Wellblech, Mechanik und gebogenen Rohren stellt sie neue Techniken in den Dienst der Vision von einer dem Mann gleichberechtigten Frau – wie Marianne Brandt, der es als einer der wenigen Studentinnen am Weimarer Bauhaus gelang, in die Metallwerkstatt von Moholy-Nagy aufgenommen zu werden und in Dessau sogar zu deren stellvertretender Leiterin wird. Wie Marianne Brandt bedient sich Charlotte bei der Gestaltung geometrischer Grundformen – Kugel, Zylinder, Würfel. Bis dahin hatte man Frauen von der Arbeit mit Metall ferngehalten, weil man sie für ungeeignet dafür hielt. An den Schulen, an denen über eine neue Definition von Kunst nachgedacht wurde und eine völlig neue Formensprache entstand, waren Frauen in der Minderzahl. Wie auch am Bauhaus hielt man sie zudem prädestiniert für »weibliche« Fächer wie die Weberei. Diejenigen aber, denen es gelangt, sich an diesem Abenteuer einer neuen Formensprache zu beteiligen, gehörten zu den Vorreiterinnen – auch wenn sie in der breiten Öffentlichkeit bis heute wenig bekannt

Fluchten und Reisen

Charlotte Perriand auf Kanufahrt, Balearen, 1932. Im Hintergrund zu sehen der Leuchtturm von Kap Figuera

sind. Marianne Brandt verlässt das Bauhaus 1929, tritt dem Architekturbüro Walter Gropius' in Berlin bei und arbeitet ab 1930 als Designerin.

Charlotte entscheidet sich für die Avantgarde der Avantgarde. Die *Union des artistes modernes*, ein Arbeitskollektiv, das sie 1928 mit ihren Kameraden René Herbst, Djo-Bourgeois und Jean Fouquet gründet, etabliert eine neue Weise, den Raum zu erleben, wobei als Baumaterial eher Stahl als Holz verwendet wird. Ein Erfolg.

Warum entschließt sich eine freie Frau auf der Höhe ihrer künstlerischen Kraft und ihres Ruhms dann, ihre Zeit, ihre Erfahrung und ihr Leben Corbu zu widmen? Ihre Freunde warnen sie, »Du wirst vertrocknen«. Braucht sie einen Meister? Braucht sie eine Gemeinschaft für ihre Experimente? Das Triumvirat – Corbu, sein Vetter Pierre Jeanneret und Charlotte – hält zehn Jahre lang. Charlotte wird sagen, es sei für sie wie eine Wiedergeburt gewesen, der Eintritt ins wahre Leben, weil Corbu alle Probleme löste und alles einfach machte, indem er neue Ideen autorisierte, die allem Bestehenden zuwiderliefen. Schwer zu sagen, was dabei wem und wer wozu gehörte, in dieser künstlerischen, familiären und emotionalen Synthese, in der auch Sex eine Rolle spielte – Charlotte wird, auf Einladung Corbus hin, Pierre Jeannerets Gefährtin.

Charlottes Kreativität gewinnt durch Corbus forderndes Verhalten neue Energie. Er kann sich ihr gegenüber durchaus hart und kritisch zeigen und besteht, in einer Periode des wuchernden Art déco, in der Nippes, Schnörkel und Überfülle als Zeichen von Geschmack und Reichtum gelten, auf Reinheit und Eleganz. Für Le Corbusier gilt es, eine Wohnung *auszustatten* statt sie, wie früher üblich, zu *dekorieren*. Um seine Vision der totalen Architektur verwirklichen zu können, braucht es konkrete Möbelentwürfe, es braucht praktische Lösungen, um in den von ihm geschaffenen Räumen leben zu können. Er legt die Funktionen fest, und Charlotte trägt mit ihrem handwerklichen Können und ihren philosophischen Ideen zum Wohlbefinden des Menschen das Ihre bei.

In seinem Bemühen, zum Wohl möglichst vieler Menschen zu arbeiten, kreiert das Triumvirat nun nicht mehr Einzelstücke für die wohlhabende Kundschaft, sondern sucht die Nähe zur Industrie. Für die politische Zielsetzung – Schönheit für alle – engagiert sich auch Charlotte stark. Sie versucht, Partner für die Serienherstellung zu finden. Leider oft vergeblich.

Charlotte unterstützt Le Corbusiers Forderungen nach einer veränderten Wohnkultur, nach einer völligen Neugestaltung des menschlichen Zusammenlebens. Kann man bei einer solch intensiven Zusammenarbeit heute, mit großem zeitlichem Abstand, noch herausfinden, welcher Anteil an den Schöpfungen Charlotte gebührt?

Man kann, dank der in Archiven erhaltenen Aufzeichnungen und der sorgfältigen Herausgeberarbeit Jacques Barsacs, sicher sagen, dass manche der mit Le Corbusier signierten Entwürfe de facto von Charlotte stammen. Das gehörte schließlich zu ihrer Tätigkeit. Nichts normaler als das. Aber diese Schöpfungen werden heute – außer von Eingeweihten – Corbu zugeschrieben. Auf der Grundlage zahlreicher erhaltener Zeichnungen lässt sich auch der Entstehungsvorgang der berühmten *Chaise longue basculante* nachvollziehen, die auf 1928 datiert ist. Charlotte hat darin posiert, um Werbung für den Stuhl zu machen. Die Reinzeichnungen sind von ihr signiert, aber der Patentantrag trägt drei Unterschriften. Wir haben das oben bereits erwähnt. Dieses Patent ist im Namen von Charlotte Perriand, Le Corbusier und Jeanneret eingereicht worden, in dieser Reihenfolge. Le Corbusier hat dann die alphabetische Reihenfolge durchgesetzt. Dadurch rückte sein Name an die erste Stelle, zum Nachteil, wie sich mit der Zeit herausstellte, der beiden anderen.

In der Geschichte der Frauen wurden leider nur zu oft ihre Leistungen absichtlich vergessen, wurde ihre Urheberschaft durch die von Ehemännern, Gefährten, Vätern oder Brüdern ersetzt — manchmal auch aufgrund eines mehr oder weniger bewussten Einverständnisses der betroffenen Frauen selbst mit ihrer untergeordneten Rolle. So als lohnte es sich für sie nicht, das zu erreichen, was sie hätten erreichen können. Sie stehen so allein da, dass sie alle Kraft auf den Schöpfungsakt selbst konzentrieren müssen.

Charlotte fällt in diese Kategorie. Sie will gar nicht berühmt werden für ihre Arbeit im Triumvirat. Zumindest in den ersten Jahren. Es gefällt ihr, zur »Familie« zu gehören und akzeptiert zu werden. Le Corbusier ist nie zufrieden mit ihr. Charlotte ist pragmatisch. Sie konzipiert in ihrer Wohnung Prototypen für Stühle und lädt die beiden Vettern ein, sie auszuprobieren. »Die sind effekthascherisch«, mäkelt Le Corbusier. Nach der Stickerei die Effekthascherei? Charlotte ist aber nicht beleidigt, sondern arbeitet wie besessen, um ihn zufriedenzustellen. Die Anfänge ihrer Zusammenarbeit in der Baukunst sind ähnlich schwierig. Corbu betraut sie mit der Konzeption eines Pavillons in Fertigbauweise in Le Bourget. Sie entwirft, so sagt sie selbst, »ein kleines Wunder«. »Ich erwartete mit Herzklopfen sein Urteil. Es konnte nur begeistert sein. Es wurde ein Gemetzel. Die Plastizität der Volumina passte ihm nicht. Er fing an, umzustellen und umzuräumen: Zwischenwände, Glasflächen, Ablagen, ich widersetzte mich, das zerstörte mein ganzes Konzept...« Er wird heftig. Er ist immer darauf bedacht zu zeigen, dass er, und nur er, der Chef ist. »Ich musste noch einmal von vorne anfangen. Was bildete ich mir ein? Um acht Uhr abends warf ich das Handtuch — mit Magenschmerzen, verletzt, verstört, ich taugte nichts, ich war nicht für diesen Beruf geschaffen.« Charlotte gibt nicht auf, arbeitet unermüdlich, doch Corbu macht alles nieder. »Ich sagte mir irgendwann: Moment, er weiß gar nicht, was er will... Das hat etwa zwei Jahre meines Lebens bestimmt«, erzählt sie 1984 in einem Radiointerview mit Paule Chavasse. Zweifel am eigenen Talent und den eigenen Fähigkeiten finden sich auch sonst häufig beim weiblichen Geschlecht. Nach drei Tagen existenzieller Zweifel an ihrem eigenen Status, nicht aber an der Berechtigung der autoritären Haltung ihres »Chefs«, kehrt Charlotte zu ihm zurück.

Charlotte hat Corbu und Jeanneret viel gegeben, ihr ist es zu verdanken, dass deren Architektur zum Wohnkonzept wird und nicht nur eine modische Hülle bleibt, in der man so oder so wohnt. Charlottes Erfindungen, insbesondere für die Inneneinrichtung der Villen – seien es Tische, Stühle, Sessel, Kücheneinrichtungen oder Beleuchtungen – erscheinen wie die natürliche Fortsetzung der Raumkonzeption Le Corbusiers. Mit Charlotte beginnen die Konzepte zu atmen, die Architektur wird bewohnbar, ist nicht länger nur gemacht, um Theorien zu entwickeln oder darzustellen. Sie fügt Wärme hinzu, Sinnlichkeit und sogar Erotik, indem sie Materialien wie Pelz, Leder, Stoff, Satin und Teakholz einsetzt.

Umgekehrt bedeutet auch Corbu Charlotte viel. Sie hat in ihm eine Vaterfigur gefunden, keinen einfachen Vater, aber einen Vater, und mit Pierre Jeanneret einen Bruder. Charlotte, das Einzelkind, bildet mit ihren Kameraden aus der Werkstatt eine Familie. Sie verstehen sich gut und teilen das Bedürfnis, mit dem Alten zu brechen und eine neue Epoche der Stadtplanung einzuleiten.

Das Idyll hält zehn Jahre. Le Corbusier verachtet alle, die in seiner Werkstatt nicht lange durchhalten. Charlotte gibt sich also Mühe, steckt Zurückweisungen weg und behauptet ihren eigenen kreativen Raum. Sie ist überall an vorderster Front: Sie soll nicht nur neue Objekte entwickeln, sie in die Produktion geben und die Mittel finden, sie massenhaft fertigen zu lassen, sondern auch noch Reisen auf die Baustellen in Frankreich wie im Ausland unternehmen, um die Arbeit zu beaufsichtigen. Und das alles in der überhitzten Atmosphäre angestrengter Arbeit und zunehmender Spannungen mit ihrem Ehemann. Liegt es auch daran, dass sie entscheidet, allein nach Moskau zu reisen?

Die Reise braucht sie, um sich der geistigen Voraussetzungen ihrer Kreativität zu vergewissern. Als sie zum ersten Mal in die UdSSR aufbricht, will sie versuchen, das Land zu verstehen, auf dem ihre ganze politische Hoffnung ruht. Reisen bedeutet für sie nicht Tourismus, sondern sich allem auszusetzen, was ihr unterwegs begegnet. Damals gab es noch nicht viele Frauen, die alleine reisten. Völkerkundlerinnen wie Germaine Tillion, die 1935 in Gesellschaft Thérèse Rivières zu ihrer ersten Reise in den Aurès in Algerien aufbricht, oder Germaine Dieterlen, die 1937 im heutigen Mali die von Marcel Griaule begonnene Arbeit fortsetzt, sind die Ausnahme. Charlotte unternimmt erst eine große Rundreise durch Europa, um sich in Stuttgart, Berlin und Warschau die Gebäude moderner Architekten anzuschauen. Bei ihrem Aufenthalt in Moskau verwandelt sie sich dann in einen russischen Muschik, meidet die Hotels für Ausländer und nimmt – unter großen Schwierigkeiten – bei ganz normalen Menschen Quartier. Dieser Charakterzug ist fest in ihr verankert: Sie will ihren Aufenthaltsort immer erfassen und begreifen, indem sie vollständig darin eintaucht, körperlich wie geistig. Sie glaubt an den Alltag, nicht an die Ausnahmesituation, und so entsteht auch ihre Architektur: durch die minutiöse Beobachtung von Gesten, die Berücksichtigung der verfügbaren Mittel, die Annäherung an die natürliche Harmonie. Bei ihr geht das Verständnis auch über den Körper, nicht nur über den Intellekt. Das gefrorene Wasser jeden Morgen im Gemeinschaftszimmer, der Mangel an Essen, die allgegenwärtige Propaganda, kurz, der Kon-

**Fluchten
und Reisen**

Charlotte Perriand in Jugoslawien.
Foto von Pierre Jeanneret, 1937

**Fluchten
und Reisen**

Charlotte Perriand auf einem Segelboot in
Jugoslawien. Foto von Pierre Jeanneret, um 1931

**Fluchten
und Reisen**

unten links: In Jugoslawien. Foto von Charlotte
Perriand, 1937 oben: Rückkehr vom Fischfang. Bucht
von Bakarac, Kraljevica. Foto von Charlotte
Perriand, 1937 unten rechts: Thunfischnetze in der
Bucht von Bakarac, Kraljevica. Foto von Charlotte
Perriand, 1929

**Fluchten
und Reisen**

Charlotte Perriand im Wald bei Fontainebleau,
1935 rechte Seite: Charlotte Perriand in
Jugoslawien, 1930

**Fluchten
und Reisen**

Charlotte Perriand auf den Schultern von Paul
Gutmann. Wald bei Fontainebleau, um 1930

**Fluchten
und Reisen**

oben: Charlotte Perriand in Entre-Deux-Eaux,
Vogesen. Foto von Marianne Clouzot, 1932

**Fluchten
und Reisen**

Charlotte Perriand und Marianne Clouzot
in Entre-Deux-Eaux, August 1932

**Fluchten
und Reisen**

links: Charlotte Perriand in Entre-Deux-
Eaux, Vogesen. Foto von Marianne Clouzot, 1932
oben rechts: Charlotte Perriand, 1932
unten rechts: Charlotte Perriands Hand,
Foto von Charlotte Perriand, 1932

**Fluchten
und Reisen**

linke Seite: Charlotte Perriand und Percy
Scholefield am Seil, um 1928 links: Charlotte
Perriand, um 1928 oben rechts: Charlotte
Perriand und Percy Scholefield bei einer Rast,
um 1928 unten rechts: Charlotte Perriand geht
einen Bergpfad entlang, um 1935

**Fluchten
und Reisen**

oben: Charlotte Perriand und Pierre Jeanneret in
den Bergen, um 1935 unten: Charlotte Perriand in
einem savoyardischen Dorf, um 1928

trast zwischen den kommunistischen Ideen und der sowjetischen Realität geben ihr zu denken. Ihre Reise dauert nur zwei Monate, wird aber zum Wendepunkt für sie. »Das brutale Erwachen in der Realität einer sich im Umbruch befindenden Welt, über die der Schatten des Hitlerismus und der Nachwehen der kommunistischen Revolution fällt.«

Zurück in Paris, fühlt sie sich immer stärker von Percy entfremdet. Welcher der beiden hat beschlossen, den anderen zu verlassen? In ihrer Autobiografie sagt sie, er sei es gewesen. Bei der Lektüre des persönlichen Tagebuchs ihrer Freundin Marianne Clouzot, die sie während dieser Phase tröstet, sieht man, dass sie sich schon lange von ihm entfernt hatte, intellektuell ebenso wie körperlich und seelisch. »Ich übernachte bei meiner Charlotte, der ich bis Mitternacht zuhöre und Trost spende. Sie ist zu sanft und zu lieb und tut mir so leid. Sie kann Percy nicht lieben. Er wartet geduldig ab und macht Zugeständnis auf Zugeständnis [...], aber er fordert auch. Und Charlotte kann ihn nicht lieben, sie kann einfach nicht. Er ist eifersüchtig. Sie, die vor Zuneigung für die ganze Welt überfließt, die gesellig und impulsiv ist, spürt das Verlangen dieses Mannes nach Zweisamkeit und Liebe, dieses Mannes, der ihr so viel gegeben hat und dem sie nichts wirklich zurückgeben kann. Das wird böse enden, aber was will man machen? Es ist eine Frage der Ehre, denjenigen nicht zu enttäuschen, der einem so viel gegeben hat...«

Charlotte, die Percys Wohnung als eine Junggesellenwohnung eingerichtet hatte, eines Junggesellen, der sie geheiratet hat, verlässt den Ehemann wie die Wohnung von heute auf morgen und nimmt als symbolischen Akt nur zwei Teller, zwei Gabeln, zwei Töpfe und einen Besen mit. Frei. Aufs Neue frei. Und glücklich, es zu sein.

Das Projekt einer Siedlung der Heilsarmee ermöglicht ihr, wieder nach ihrer eigenen Methode zu arbeiten: zuerst experimentieren, dann entwerfen. Wir haben gesehen, dass sie für die Planung des Obdachlosenheims zunächst mit den Clochards spricht, begreift, wie wichtig es ihnen ist, ihr Gepäck immer bei sich zu haben, es ist die Summe ihrer Existenz. Charlotte entwirft daraufhin diese Betten mit einem Regalfach, in dem das Gepäckstück ständig in Reichweite bleibt. Als sie das Heim für jugendliche Mütter konzipiert, fragt sie zuvor die jungen Mütter und Kindergärtnerinnen nach ihren Wünschen. Insgesamt sind in dieser Sozialeinrichtung, deren Baupläne Charlotte ebenso gestaltet wie die Inneneinrichtung, sechshundertachtzig Betten vorgesehen. Die Aufzeichnungen – Hunderte von Entwürfen Charlottes, signiert vom Trio Le Corbusier, Jeanneret und Perriand – dokumentieren ihre Grundidee, nämlich sich in den Dienst der Nutzer zu stellen, während Le Corbusier eher von der Theorie ausgeht. Sie lassen erkennen, dass Charlotte das Projekt trägt und verkörpert. Hier kann sie alle ihre Talente einsetzen. Mit begrenztem Budget gelingt es ihr nicht nur, alle Funktionen unterzubringen, sondern auch, durch die Wahl der Farben und Materialien einem Ort, auf den niemand gerne angewiesen ist, Wärme und Gemütlichkeit zu verleihen.

Sich der Schwächsten anzunehmen, sie als vollwertige Bürger ernst zu nehmen, ihnen Räume anzubieten, in denen sie mit anderen zusammenkommen können, ihnen Luft zum Atmen, Vertrauen, Ruhe zu schenken, darin sieht Charlotte mehr und mehr ihre Aufgabe als Architektin. Trotz der Ablehnung durch einige ihrer Kollegen, denen sie zu modern ist, glaubt Charlotte an diese neue Welt, in der alle Menschen das Recht auf ein lebenswertes Dasein haben. Sie engagiert sich politisch, indem sie 1932 der *Association des écrivains et artistes révolutionnaires* (AEAR) beitritt, der französischen Sektion der 1927 in Moskau gegründeten Internationalen Vereinigung revolutionärer Schriftsteller unter Paul Vaillant-Couturier. Der Verband will alle unter einem Dach versammeln, die an den revolutionären Kampf glauben. Zahlreiche Prominente zählen zu seinen Mitgliedern, etwa Louis Aragon, André Breton, Robert Capa, Paul Revel, André Gide, Jean Giono – den Charlotte bewundert –, Fernand Léger – mit dem sie befreundet ist –, Edouard Pignon, André Malraux, Paul Nizan, aber nur wenige Frauen: Marie-Claude Vaillant-Couturier, Claude Cahun, Germaine Krull, Nora Dumas und eben Charlotte. Als Brückenkopf des Antifaschismus in künstlerischen und intellektuellen Kreisen will der Verband eine Einheitsfront gegen die extreme Rechte schaffen. Sein Manifest erscheint in *L'Humanité*: »Zerstören. Organisieren. Für uns gibt es das eine nicht ohne das andere. Das heißt, das Proletariat muss jetzt die Grundlagen einer proletarischen Kultur schaffen, die sich erst nach dem Sieg der sozialistischen Revolution entfalten kann.«

Im Verband begegnen sich die Künstler, können sich austauschen. So kommt Charlotte mit André Masson und Jean Nicolas in Kontakt und verbringt viele feuchtfröhliche Abende mit ihrem Freund Fernand Léger. Gegen den sich verbreitenden Imperialismus setzt Charlotte auf den jungen Sozialismus, ohne sich indes von der Propaganda täuschen zu lassen, die sie in der UdSSR als Lüge entlarvt hat. Sie ist sich über die Gefahren des Systems im Klaren. Die Kunst in den Dienst der Massen zu stellen, das ist eine der Forderungen des Verbands. Die Kunst muss den Glauben des Proletariats an sich selbst befördern. Die Kunst in allen ihren Formen: Malerei, Architektur, Fotografie. 1933 verteidigt Henri Tracol mit seinem Manifest »*Photographie, arme de classe*« (»Fotografie, Waffe im Klassenkampf«) die Idee, dass man die Amateurfotografen in der Arbeiterschaft unterstützen und ihnen beim Aufbau proletarischer Fotoarchive helfen müsse. Das ist auch Charlottes Ziel. Die Sozialreportage, der direkte dokumentarische Blick werden zur politischen Waffe im Dienst des antifaschistischen Kampfs. Charlotte meint, man müsse neuartige Wohnbauten für Arbeiter schaffen, um dem Proletariat neue Lebensweisen aufzuzeigen. In diesem Geist nimmt sie an den CIAM (*Congrès internationaux d'architecture moderne*) teil, einer Vereinigung, die 1928 auf Anregung von Hélène de Mandrot von Le Corbusier in der Schweiz gegründet wird. Ziel ist es, die Architektur wieder in die Praxis einzubinden, in die tatsächlichen wirtschaftlichen und gesellschaftlichen Verhältnisse, fern allen Akademismus' und aller veralteten Rezepte. Im Sommer

»Der Beruf des Architekten ist es, für den Menschen zu arbeiten. Man kann nicht für den Menschen arbeiten und ihn dabei ignorieren, und das gilt für alle in diesem Land.«

1933 findet der vierte Kongress statt, und zwar in Form einer Kreuzfahrt von Marseille nach Athen und zurück. Während der Fahrt halten Architekten, Maler, Dichter, Kunstkritiker und andere Vorträge über das Thema der funktionalen Stadt. Sechzehn Länder sind vertreten, dreiunddreißig Städte werden analysiert. Bis zur Rückkehr nach Marseille gelingt es den Teilnehmern nicht, sich auf eine eigene gemeinsame Charta zu verständigen. Charlotte leistet nun einen theoretischen und zugleich praktischen Beitrag. Gemeinsam mit Josep Lluís Sert entwickelt sie das Projekt einer ersten gemeinverständlichen Fassung dessen, was später als Charta von Athen berühmt wurde. Die Schrift erscheint 1938 in London unter den Autorennamen Perriand und Sert. Sigfried Giedion, der Herausgeber, schickt sie allen Delegierten und Mitgliedern der CIAM zu und unterstreicht ihre Bedeutung: »Dies ist, wie wir es uns gewünscht haben, eine Fibel des modernen Städtebaus mit frappierenden fotografischen Beispielen, welche die Beschlüsse des Athener Kongresses illustrieren.« Es sollte bis 1943 dauern, bevor Le Corbusier die Schrift anonym unter dem Namen *Charta von Athen* veröffentlicht. Ein Dokument, das bis heute großen Einfluss auf die Architekten weltweit ausübt. Es ist eine regelrechte Bibel und Gründungsurkunde des modernen Städtebaus und schreibt dem Architekten vier große Aufgabenkomplexe zu: Wohnen, Arbeiten, Freizeitaktivitäten, Verkehr. Wird die Stadt der Herrschaft des Autos geopfert?

Oder zerstört man im Gegenteil Zusammenleben und Handel, wenn man den Autoverkehr zu stark reglementiert?

Charlotte verweist auf die Gefahr einer allzu starren Auslegung der Schrift: Wenn man versuche, die Realität den eigenen Ideen anzupassen, opfere man das Wesentliche: das Wohlergehen des Menschen. »Man darf die Idee nicht mit dem Gegenstand verwechseln. Der Gegenstand ist der Mensch.«

Dem Volk zu Geschmack verhelfen. Für das Volk arbeiten. Im Dienst des Volkes stehen. Charlotte merkt, dass sie sich immer stärker politisch engagiert. Auch wenn sie nie ein kommunistisches Parteibuch besessen hat, teilt sie die Ideen der Brüderlichkeit, der Gleichheit und einer veränderten Gesellschaft. Sie ruft auf zu einer neuen Sicht auf die Stadt der Zukunft. Sie beobachtet die zunehmende Verarmung bestimmter Pariser Stadtviertel, von zahlreichen Essayisten kommentiert und von eindringlichen Bildern unabweisbar bezeugt in der Ausstellung *Documents de la vie sociale* (Dokumente des gesellschaftlichen Lebens) von 1936, in der unter anderem Marcel Delius, André Papillon und Germaine Krull ihre Fotografien zeigen. Zu sehen ist, wie Pariser den Müll nach Essbarem durchwühlen, auf dem

»Wir haben vergessen oder ignoriert, woraus die Gesellschaft besteht. Die Menschheit erwacht, und wir, wir stehen tatenlos daneben.«

nackten Boden schlafen und sich in der Suppenküche anstellen. Charlotte will nicht nur Mitgefühl mit diesen Menschen erwecken; sie will für die Verbesserung ihrer Lage kämpfen, und zwar nicht nur theoretisch. Stärker als Pierre Jeanneret – ihr neuer Gefährte – begreift sie ihren Beruf als Architektin als soziale Aufgabe. Sie will »am Leben teilnehmen«, bemängelt, dass sie zu sehr in einer abgeschirmten Blase steckt, in einem geschlossenen Kreis, in dem sie viele Projekte entwirft, aber nur wenige je realisiert werden. Sie organisiert eine Ausstellung junger Architekten, schreibt Artikel über die funktionale Stadt, schlägt Alternativen vor zu der chaotischen Stadt, die sich unter ihren Augen bildet und in der die Reichen immer reicher werden und die Armen ärmer, wo im Winter Männer und Frauen auf der Straße erfrieren.

»Der Beruf des Architekten ist es, für den Menschen zu arbeiten. Man kann nicht für den Menschen arbeiten und ihn dabei ignorieren, und das gilt für alle in diesem Land. [...] Wir haben vergessen oder ignoriert, woraus die Gesellschaft besteht. Die Menschheit erwacht, und wir, wir stehen tatenlos daneben«, schreibt sie Pierre Jeanneret 1936. Sie fährt erneut nach Moskau, diesmal, um die Verbindungen der CIAM mit den sowjetischen Behörden zu festigen und sich der Unterstützung des Zentrosojus zu versichern. Sie erlebt eine Enttäuschung: Die Rechte der Frau sind beschnitten worden. Scheidungen sind verpönt, Abtreibungen verboten. Und dass jetzt U-Bahn-Stationen mit dem Marmor der Kapitalisten gebaut werden, denen man es auf einmal gleichtun, ja, die man überholen will, empört sie.

Sofort nachdem sie von den Unruhen vom 6. Februar 1934 in Paris erfahren hat, kehrt sie in ihre Heimat zurück und schreibt sich an der Arbeiteruniversität ein, einer autonomen marxistischen Institution. Hier nimmt sie an Seminaren Henri Wallons über die wissenschaftliche Organisation der Arbeit und an denen Marcel Prenants über die Entstehung der Welt teil, liest *Das Kapital*. Sie wäre gerne eine orthodoxe Marxistin, hat aber Probleme mit der Dialektik. Ihr instinktiver Freiheitsdrang und ihre Liebe zur Natur – man will ihr hier beibringen, dass die Bestimmung des Menschen in der *Unterwerfung* der Natur liege – machen sie immun gegen jede ideologische Vereinnahmung. Charlotte ist nicht militant im Sinne bedingungsloser Anhängerschaft an irgendeine Partei. Aber sie ist eine Kämpferin für die Freiheit, für die Freiheit in jeder Form. Als André Chamson die Zeitschrift *Vendredi* gründet, »ein Organ freier Menschen für freie Menschen«, um die Öffentlichkeit gegen den Faschismus zu mobilisieren, und sie um Beiträge bittet, sagt sie sofort zu. Die Welt der Zukunft ist für sie eine Welt, in der die Stadtplanung die Bürde der Arbeit erleichtert und dabei den Körper respektiert, ohne den Geist zu unterwerfen. 1935 schreibt sie: »Wir betreiben keinen Formalismus mehr, keinen Konstruktivismus, wir legen uns nicht mehr auf die Kurve oder die Gerade fest, auf Stein oder Beton, auf Holz oder Metall, sondern setzen jeden Baustoff dort ein, wo er angebracht ist, technisch wie physiologisch.« Zur selben Zeit nimmt die Philosophin Simone Weil Arbeit in einer Fabrik an, um am eigenen Leib zu begreifen, was Fließbandarbeit für den Einzelnen bedeutet. Die Einheit von Seele und Körper, die lebensnotwendige Harmonie beider sind unabdingbar, um in uns die Fähigkeit zur Freiheit zu bewahren, die wiederum Voraussetzung für unsere Teilhabe an der Menschheit ist. »Ab einem bestimmten Ausmaß erzeugt die Unterdrückung nicht mehr eine Neigung zur Revolte, sondern eine fast unwiderstehliche Neigung zur noch vollständigeren *Unterwerfung*«, schreibt sie in ihrem Buch *La Condition ouvrière*. Charlotte, die sich oft wie eine etwas lächerliche Bourgeoise vorkommt, wenn sie zusammen mit Arbeitern im Seminar sitzt, geht in ihrem Bemühen, das Innenleben der Arbeiterklasse zu begreifen, nicht so weit wie Simone Weil. Sie teilt jedoch Weils Ideal einer gerechteren Gesellschaft und die Vorbehalte gegenüber dem Kommunismus, wie sie ihn in der Sowjetunion erlebt hat. Wie Simone Weil hält sie die Überwindung der physischen Unterdrückung für eine unumgängliche Voraussetzung, um die wahre Bestimmung des Menschen als denkendes Wesen zu verwirklichen und die moderne Gesellschaft voranzubringen.

Simone de Beauvoir, die zur gleichen Zeit wie Simone Weil an der *École normale supérieure* eingeschrieben war, schildert in ihren *Memoiren einer Tochter aus gutem Hause*, wie schwierig es für sie war, vom jungen Mädchen zum selbstständigen Individuum zu reifen: »Ich hatte keine umstürzlerischen Ideen; tatsächlich hatte ich überhaupt kaum Ideen; aber den ganzen Tag trainierte ich mich darauf, nachzudenken, zu begreifen, Kritik zu üben, mich ernsthaft selbst zu befragen; ich versuchte der Wahrheit auf den Grund zu gehen: diese Gewissenhaftigkeit machte mich unfähig zu gesellschaftlicher Konversation.« Simone Weil und Simone de Beauvoir sind nur sechs Jahre älter als Charlotte. Leidet auch sie unter diesem Gefühl, das Simone de Beauvoir in ihren *Memoiren* beschreibt: »Morgen würde ich meine Klasse verraten, und schon verleugnete ich mein Geschlecht…«?[4] War es für Charlotte als selbstständige Frau mit eigenem Einkommen und eigener Wohnung unter den Dächern von Montparnasse nicht doch einfacher?

Das ist schwer zu sagen, da sie sich in ihrer Autobiografie sehr zurückhält und wenig über ihre Seelenzustände preisgibt. Weder die Ächtung junger geschiedener Frauen noch deren Verzicht auf den Ehestand, wie ihn die sittenstrenge Bourgeoisie entschieden ablehnt, scheinen sie besonders zu beeindrucken.

Die Lektüre ihrer Tagebücher und ihrer Briefe zeigt uns, dass sie mit dem Heilsarmee-Projekt und dem Schweizer Pavillon nur wenig Geld verdient. Sie führt zahlreiche Aufträge aus, die keinen Durchbruch bringen. »Sie führt ein Hundeleben, wie immer mit Komplikationen«, sagt ihr Freund Fernand Léger von ihr. Sie besteht

---

[4] beide Zitate: Simone de Beauvoir: *Memoiren einer Tochter aus gutem Hause*. Aus dem Französischen von Eva Rechel-Mertens, Reinbek 1978, S. 172.

darauf, das Honorar für die Fresken zu teilen, die sie gemeinsam für den Pavillon des Landwirtschaftsministeriums gestalten. Sie ist immer zum Teilen bereit, großzügig, arbeitsam. Was macht es schon, wenn die Finanzen prekär sind – Hauptsache, man macht das, was einen ausfüllt. Sie gehört zur künstlerischen Elite und lebt scheinbar ganz natürlich eine Freiheit aus, die sie doch so teuer erkauft hat. Ihre Freundinnen – Marianne Clouzot, Dora Maar – leben wie sie, voller Leidenschaft auf der Suche nach dem, was sie sein und tun wollen. Dora, die Fotografin, reist alleine durch Europa, um dem Bergsport zu frönen. Marianne und Charlotte teilen diese Liebe und verbringen ihre Sommer in Almhütten, um von dort aus lange Bergwanderungen zu unternehmen. Nachts singen sie Studentenlieder mit jungen Leuten, die sie in den Schutzhütten treffen, und diskutieren endlos über die Zukunft des Kommunismus.

Charlottes rastlose Aktivität, ihr Versuch, die junge politisierte Architektengeneration zur Speerspitze der Avantgarde zu machen, ihr Wunsch, die eigenen Projekte auch selbst zu bauen, statt sie nur zu entwerfen, regen Le Corbusier mehr und mehr auf. Er findet, sie übertreibe es und werde zu persönlich. In der Wirtschaftskrise, die seine Projekte gefährdet, macht er sie dafür verantwortlich, dass er immer mehr an den Rand gedrängt wird.

Im Oktober 1935 kommt es zu starken Spannungen zwischen ihnen wegen des Projekts eines Jugendzentrums. Charlotte schlägt den Schülern der École Boulle, einer Hochschule für bil-

dende Künste und angewandte Kunst in Paris, vor, gemeinsam mit ihr, Le Corbusier und Jeanneret daran zu arbeiten. Sie glaubt an die Arbeit im Kollektiv, an den Austausch von Ideen. Anders Le Corbusier, der diesen Vorstoß als Diebstahl seines Konzepts der *Unité d'habitation*, der Wohneinheit betrachtet. Um jegliches Missverständnis zu zerstreuen, schreibt sie ihm am 15. Oktober einen Brief, von dem wir hier einige Auszüge wiedergeben wollen. Hin- und hergerissen zwischen ihren eigenen Ambitionen und dem, was sie dem »Meister« zu schulden glaubt, spiegelt dieser Brief in seiner mitunter chaotischen Schreibweise ihren seelischen Zustand in dieser schwierigen Lage wider: »Wenn Sie doch nur begreifen könnten, Corbusier, dass es sich um ein Verhältnis handelt, das als Grundlage für Diskussionen dienen und eine stärker kollektivistische Arbeitsweise als bisher herbeiführen kann, eine Arbeitsweise, in der alle, die guten Willens sind, und auch die anderen, ihre Aufgabe finden.

Ich finde mich Ihnen gegenüber immer wieder in dieser Lage, Initiativen, die ich ansonsten ergreifen könnte, aufzugeben. Offen mit Ihnen zusammenzuarbeiten ist schwierig; auch wenn wir ähnliche Ziele haben, gehen wir von verschiedenen weltanschaulichen Vorstellungen aus. Aber ich zweifle nicht daran, dass wir eines Tages zusammenkommen werden.

Wir hätten uns wirklich sehr gewünscht, mit Ihnen wahrhaft kameradschaftlich zusammenzuarbeiten. Wir sind als ›die Jugend der CIAM‹ zu Ihnen gekommen, erinnern Sie sich? Sie haben uns zu verstehen gegeben, dass wir mit Arbeit

Die CIAM

Fernand Léger, Charlotte Perriand, Le Corbusier, Albert Jeanneret, Pierre Jeanneret und Matila Ghyka in Athen auf dem *Congrès international d'architecture moderne* 1933

kommen mussten. Wir wussten also, dass wir uns zu Anfang nur auf uns selbst verlassen konnten. Wir haben nichts dagegen, im Gegenteil, das verpflichtet uns, stark zu sein. Je mehr sich unsere Kenntnisse entwickeln, je weiter unsere Arbeit voranschreitet, desto mehr können wir uns Ihnen annähern, und desto mehr werden Sie uns schätzen.

Wir diskutieren Ihnen viel zu viel, das stimmt, aber wir müssen alles in Frage stellen, um von einer festen, erfahrungsbasierten Grundlage auszugehen, und in Etappen vorangehen, von denen wir keine überspringen können. Es geht nicht darum, uns auf Ihr Gebiet zu drängen [...].

Daran kann es keinen Zweifel geben, und es gilt auch für meine Genossen, die wie ich denken, dass wir uns nicht mehr mit persönlichen und sterilen Spielchen abgeben können [...].

Wir versuchen, Ideen voranzubringen, und wir kritisieren, wenn wir sie schlecht finden, das ist alles.

Mit diesem Brief will ich nicht die Brücken zwischen Ihnen und uns abbrechen, ganz im Gegenteil. Wir haben immer versucht (mehr oder weniger ungeschickt), Ihnen unsere Ideologie nahezubringen, weil wir wissen, dass sie die einzige ist, die unseren Zielen entspricht... Wir möchten Sie gerne an unserer Seite haben...«

Le Corbusier antwortet aufgebracht und abweisend; er beschuldigt Charlotte und ihre Genossen, sich mit dem Teufel einzulassen, anstatt sich mit den wahren Aufgaben der Gegenwart zu befassen, Millionen lebender Wesen aus unmenschlichen Lebensbedingungen zu erlösen.

Der Konflikt reicht tief; es geht nicht nur um die Zukunft des Städtebaus und die Verschiedenheit der Arbeitsweisen, es ist ein Generationenkonflikt. Er wird unterdrückt, um im Februar 1937 erneut heftig auszubrechen.

Le Corbusier wirft Charlotte und Pierre in einem Brief vor, sich gegen ihn zu verschwören und ihn zu verraten.

»Sie wollen den guten Ideen zum Triumph verhelfen, nicht wahr? Um das zu erreichen, so fühlen Sie klar und instinktiv, muss meine Person einen anderen Rang einnehmen als bisher, und die politischen Ereignisse berechtigen Sie dazu, das zu veranlassen. Gerade jetzt, wo sich nach zwanzig Jahren das Klima in der Architektur und im Städtebau zu bessern beginnt, wo eine vor über fünfzig Jahren begonnene Periode mit aller Frühlingskraft zur Entfaltung drängt − obwohl auch diese Kraft nicht unerschöpflich ist −, gerade jetzt wollen Sie auf die Hälfte dieser Energien verzichten, in der verständlichen Hoffnung, sich durchzusetzen [...].

Sie reden immer nur von der Mannschaft. Aber unter der Bedingung, dass sie allein die Ihre ist, in der Sie alleine befehlen. Seien Sie sanftmütiger. Geben Sie zu, dass Sie nicht über fünfunddreißig Jahre Erfahrung verfügen. Geben Sie auch zu, dass es da auch Talent und Schöpferkraft geben könnte. Haben Sie diese Schöpferkraft? Nein, Sie übernehmen die Effekte. Pierre, du bist mein Partner, aber jetzt hast du dich gegen mich gestellt. Der Vorwand lautet, dass ich nicht Eure politische Erleuchtung habe. Aber darum geht es gar nicht. Und Sie haben auch keine große politi-

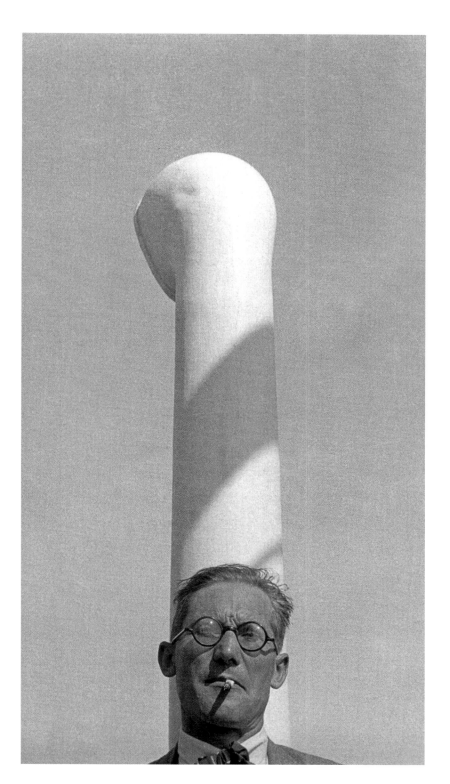

Die CIAM

links: Le Corbusier an Bord der *Patris II*.
Foto von Charlotte Perriand, 1933. rechts:
Pierre Jeanneret an Bord der *Patris II*. Foto
von Charlotte Perriand, 1933

**Die
CIAM**

Le Corbusier an Bord der *Patris II*.
Foto von Charlotte Perriand, 1933

**Die
CIAM**

Muncha Sert und Charlotte Perriand an Bord
der *Patris II*. Foto von Pierre Jeanneret, 1933

sche Erleuchtung, und Sie schaden Ihrer eigenen Partei sehr. Das sollte Ihnen klar sein.

Ich will hier nicht die Frage meines ›Ichs‹ zur Diskussion stellen, die Sie so aufregt. Der Ruhm ist mir egal, aber Klarheit ist unverzichtbar für mich. Es gibt Handlungen und Überzeugungen, bei denen man die Pflicht hat, ›Ich‹ zu sein und auch gar nicht anders kann. Sie haben mich nie mit Ihrem Lob verwöhnt, nicht einmal als einfache Genossen. Und das ist oft nicht schön [...].

Der Ruhm fällt denen zu, die etwas vollbracht haben. Dieser Ruhm darf nichts weiter sein als ein nützliches Mittel. Sie können Ruhm erreichen. Ich selbst habe mir mit fünfunddreißig nie träumen lassen, mehr zu sein als ein armer Teufel. An Ruhm habe ich überhaupt nicht gedacht. Sie dagegen scheinen sich, wenn man Ihre Handlungsweise betrachtet, anders entschieden zu haben [...].

Dieser Brief soll keine Deklaration sein. Er ist rein freundschaftlich. Für mich geht alles so weiter, wie mein Schicksal es will. Sie aber, die Sie einer großzügigen und idealistischen Partei dienen, stehen vor der Wahl, ob Sie selbst großzügig und idealistisch handeln wollen.«

Charlotte hätte sich erklären können, diskutieren, Corbu erwartete es nicht anders. Sie wollte es nicht und zog es vor, alles zu verlassen und damit eine zehn Jahre währende Lebensphase zu beenden. Schmerzliche Trennung. Sie lebt weiterhin mit Pierre Jeanneret zusammen, der selbst die Werkstatt Le Corbusiers nicht verlässt, und bleibt in Kontakt mit Le Corbusiers Mutter und seiner Frau. Man kann sagen, dass der endgültige Bruch nie stattfindet, weil so viele berufliche, emotionale und familiäre Bindungen gar nicht aufgelöst werden können. Charlotte bewundert Le Corbusier weiterhin unvermindert. Es sind seine persönlichen Eigenschaften, die sie angreift, sein Genie stellt sie nicht in Frage.

Sie macht allein weiter und bedauert im Nachhinein ihr Handeln. In ihrer Autobiografie schreibt sie: »Ich hatte die Tür hinter mir zugeworfen. Heute würde ich sie geöffnet lassen. Ich hätte wissen müssen, dass mein Eintritt in die Werkstatt in der Rue de Sèvres 35 wirklich wie ein Eintritt ins Kloster war – es galt, sich an die Ordensregel zu halten und sich einzufügen.« In einem Interview, das sie mir im Herbst 1998 gab, bekannte sie: »Warum ich Corbu verlassen habe? Sagen wir, es gab verschiedene Dinge, die mich dazu gebracht haben zu gehen. Das gleicht ein bisschen der Haltung der japanischen Samurai: Das Leben war so schön, dass es nicht so weitergehen konnte, also bin ich gegangen. Es gibt einen Moment, in dem man sich verabschieden muss, so wie ein Kind das Heim der Mutter verlässt. Wenn ein Kind zu lange zuhause wohnen bleibt, ist das nicht gut. Weder für das Zuhause noch für das Kind. Eine Wachtel zieht ihre Kinder auf, und danach führt sie ihr eigenes Leben weiter und die Kinder das ihre. Vielleicht war es im Grunde bei mir dasselbe. Ich war allerdings noch sehr jung, und deswegen habe ich brutal und schnell Schluss gemacht. Es fiel mir schwer, aber ich habe es nicht gezeigt. Ich bin ja auch Skorpion. Aber für mich ist und bleibt Corbu derjenige, der mir einen Weg gezeigt hat.«

---

[5] Der sozialistische Ministerpräsident Léon Blum ernannte Jean Zay am 4. Juni 1936 zum Minister für nationale Bildung und der Schönen Künste.

»Ich hatte die Tür hinter mir zugeworfen. Heute würde ich sie geöffnet lassen.«

Bei ihm ist sie zwar als Architektin ausgebildet worden konnte aber stets ihre eigenen künstlerischen Projekte weiterverfolgen. Sie war auf keinen Fall eine Untergebene oder Vertreterin Corbus. Sie tut, was sie für richtig hält. Als die Volksfront an die Regierung gelangt, will sie als engagierte Bürgerin an dieser republikanischen Erneuerung mitwirken. Sie nimmt an einem Wettbewerb des Bildungsministeriums teil. Es geht um die Büroausstattung von Minister Jean Zay[5]. Zusammen mit ihrem Freund Léger und Mirò heckt sie ein großartiges Projekt aus, das aber abgelehnt wird. Sie vergisst ihre bäuerlichen Ursprünge nie, deshalb macht sie leidenschaftlich Propaganda für die Landwirtschaftspolitik der Volksfrontregierung – insbesondere mit dem Umbau des Vorzimmers von Landwirtschaftsminister Georges Monnet –, um zur Verbesserung der Lebensbedingungen der Bauern beizutragen. Die Reformen unter dieser Regierung liegen der Landwirtschaftspolitik zugrunde, die in Europa bis in die letzten Jahre in Kraft war. Statistiken, Grafiken, Diagramme, Fotografien. Der Besucher, der darauf wartet, vom Minister empfangen zu werden, langweilt sich nicht und bekommt etwas zu sehen. Dieses Wandfresko, ein Glaubensakt, eine künstlerische Geste, wird nach dem Sturz der Volksfrontregierung schnellstens wieder entfernt.

Charlotte lässt nicht nach in ihrem Bemühen, sowohl die fortschrittlichen Organisationen, in denen sie kämpft, als auch die Regierung dafür zu gewinnen, Le Corbusiers Projekt eines Städtebau-Palasts – aus gegebenem Anlass in Volksbildungsmuseum umbenannt – endlich zu verwirklichen. Als Sekretärin der CIAM France, als die sie gemeinsam mit Pierre Jeanneret, Jean Bossu, Paul Nelson und Pierre Chareau für die Sektion Architektur verantwortlich ist, kämpft sie unermüdlich und mit Unterstützung bildender Künstler wie Pablo Picasso und Fernand Léger sowie von Schriftstellern wie Roger Vitrac, Louis Aragon und Paul Éluard für eine allumfassende Kunst des Städtebaus, mit der eine tiefgehende Umwälzung der Gesellschaft intendiert ist – sowohl die sozioökonomischen als auch die privaten Lebensverhältnisse betreffend. Dazu gehören die Städte, die Wohnungen, der Körper, die Freizeit, der Drang nach Schönheit.

Eine gesegnete Zeit, in der Künstler, Intellektuelle und Politiker sich zusammenfinden im Glauben an ein besseres Leben für alle. Eine vergangene Zeit, in der man noch an die Idee des Fortschritts glaubte und an die Umverteilung des Reichtums als unverzichtbare Voraussetzung für ein menschliches Zusammenleben. Sie dauerte nicht lange, diese Zeit.

»Trotz aller Bemühungen und zahlreicher neuer Erfindungen von Architekten, Technikern, Künstlern und Arbeitern, trotz aller Opfer kommt die breite Schicht der Bevölkerung nicht in den Genuss des Fortschritts. Die Slums töten die Kinder. Die Fabriken vergiften die Gesundheit. Die Kosten für Bus und Bahn, für Gas und Strom rauben den Arbeitern das Geld, das sie

Erst, als sie mit allem bricht – mit ihrem Land, ihren Geliebten, ihren Freunden – findet sie die Freude am Leben wieder.

unbedingt brauchen, um ihre Kinder zu ernähren und aufzuziehen. Den Massen fehlen Schulen, Kindergärten, Polikliniken, Stadien und Sanatorien, während die Privilegierten die Techniker, Arbeiter und Künstler verpflichten, ihnen nicht nur das Lebensnotwendige zu liefern, sondern auch Luxusobjekte für ihren Müßiggang. [...] Das Volk will man glauben machen, dass der technische Fortschritt, die Maschinen, an ihrer Misere schuld seien, dass er sie des Brotes beraube, es elend und unglücklich mache.« So denkt und sagt es Charlotte, unverblümt. Sie ist nicht die einzige Frau, die damals gesellschaftliche Veränderungen fordert und ihre künstlerischen Fähigkeiten in den Dienst dieses Ziels stellt. Auch Rose Adler, die dieselbe Schule besucht hat wie Charlotte, Buchbinderin geworden ist und sich für Philosophie, Tanz und Kino begeistert, gibt ihrer Kunst während der Volksfrontregierung eine neue Zielrichtung: »Die Modernität des modernen Buchbinders besteht darin: er dient dem Text. Er will ihn verstehen, will zu seinem Verständnis beitragen. Er vermählt sich mit ihm, feiert ihn. Aber er verbietet sich jeden Kommentar, denn jeder Kommentar wäre eine Illustration.« Rose fotografiert die Demonstrationen und Aufmärsche der Volksfront und nimmt aktiv an ihren politischen Zusammenkünften teil. Sonia Delaunay konzipiert mit ihrem Mann Robert den Bau des *Palais*

de l'Air, den man während der Retrospektive des *Musée d'Art moderne* der Stadt Paris bewundern kann. Die Wände sind mit monumentalen Malereien verziert. Drei dieser Wandmalereien stammen vollständig von ihr. Als Gegenstände wählt sie die Luftschraube, das Instrumentenbrett und den Motor eines Flugzeugs und verbindet die Architektur zwanglos mit der Malerei. Sonia Delaunay wird mit der Ausgestaltung des *Palais des Chemins de fer* (Eisenbahnpavillon) betraut, für den sie zwei große Wandbilder, *Voyages lointains* (Fernreisen) und Portugal, entwirft und deren Ausführung überwacht. Sie werden gleichfalls in der Retrospektive des Pariser *Musée d'Art moderne* gezeigt.

Eileen Gray wiederum schließt sich dieser Bewegung an und gestaltet ein Ferienzentrum für jene Menschen, die zum ersten Mal bezahlten Urlaub genießen können, preiswerte Arbeiterhäuser und ein mobiles Ferienlager aus demontierbaren Häusern.

All diese Frauen haben in den Anfängen der Volksfrontregierung den festen Willen, im Sinne einer Kulturpolitik tätig zu sein, die von der Idee der Demokratisierung beseelt ist. Kunst für alle, eine Kunst der Straße sind zentrale kulturelle Anliegen der Volksfront. Auch Charlotte schließt sich der Bewegung in der Überzeugung an, dass diese demokratische Entwicklung Widerstand leisten kann gegen die Bedrohung durch Faschisten und Kriegstreiber. Sie engagiert sich für die Kulturpolitik der Regierung, arbeitet mit an Aragons Experiment *Ce soir*[6], unter-

---

[6] 1937 gründet Louis Aragon die kommunistische Abendzeitung *Ce soir*.

stützt Fernand Léger bei seiner Arbeit am Fresko des Wissenschaftspavillons, das Jean Perrin angeregt hat, Nobelpreisträger, Unterstaatssekretär für Wissenschaft und Gründer des *Centre national de la recherche scientifique* (CNRS). Alle Ideen der Volksfrontregierung hat sie in ihrem Werk bereits umgesetzt: die Überzeugung von der Bedeutung der Wissenschaft, des Schönen und der Philosophie. Während der *Exposition internationale des arts et techniques dans la vie moderne* 1937 wird die Abteilung Landwirtschaft von der Porte Maillot in eine Garage des Ministeriums verlegt. Charlotte und Fernand Léger bringen die riesigen Fotomontagen aus dem Landwirtschaftsministerium groß heraus, indem sie sie gut sichtbar und publikumswirksam im Freien aufstellen. Sie besorgt Fernand Léger Dokumente mit politischen Slogans. Er schafft daraus Formen, die wie Flammen im Wind tanzen. Sie konzipiert große Plastiktafeln, um diese vor Regen zu schützen, und installiert darunter Baumstämme als Bänke für die Verliebten, die über die Slogans nachdenken möchten.

Le Corbusier gelingt es nach vielen Schwierigkeiten dank ihrer Hilfe, neben seinem Ausstellungsstand das zu installieren, was er als den Avatar seines *Pavillon des Temps nouveaux* betrachtet. 1936 hatte er ein Museum mit unbegrenztem Wachstumspotenzial vorgeschlagen, das aber an der Finanzierung scheiterte. 1937 legt er Léon Blum das Projekt einer Sanierung der nach seinen Kriterien des »grünen« Städtebaus eindeutig gesundheitsschädlichen Cité Jeanne d'Arc vor. Er will die Fußgänger von den Autos trennen, begrünte Dächer einführen, die auch als Kindergärten dienen sollen, und am Fuß der Häuser Kultur- und Sporteinrichtungen anlegen. Er bekommt keine Antwort.

Der *Pavillon des Temps nouveaux* wird schließlich von Pierre Jeanneret gebaut, dank der Intervention Robert Delaunays bei der Volksfront, als Brückenkopf einer neuen Anthropologie der Stadt der Zukunft. In einem quadratischen Zelt, das ganz aus Stoff besteht – eine geniale Lösung Charlottes, um »das Budget nicht überzustrapazieren« – beherbergt er eine große Wandmalereitafel mit dem Titel *Habiter (Wohnen)*, dazu die Fresken Sonia Delaunays. Diese tollkühne, leichte Konstruktion soll das Vorzimmer eines zukünftigen Volksbildungsmuseums sein. Im Innern des großen, luftigen, von Stahlkabeln aufgespannten Bauwerks werden außerdem Pläne eines futuristischen Paris ausgestellt. Corbu hat den Ehrgeiz, aus dem Pavillon eine Wanderausstellung zur Volkserziehung zu machen, die in ganz Frankreich gezeigt werden soll. Trotz der Unterstützung durch Léon Blum verläuft das Vorhaben im Sande, die Ausstellung geht nie auf Reisen, und Le Corbusiers enttäuschte Hoffnungen und sein Absturz vom Propheten einer neuen urbanen Zivilisation zum offiziellen Architekten der neuen Zeit machen ihn bitter, aggressiv und ungeschickt.

Empört über seine politische Haltung – Le Corbusier hatte zwei Vertreter der äußersten Rechten ins Komitee der CIAM eingeführt, die seine Stellung stärken sollten – macht Charlotte ihm Vorwürfe. Die Folgen sind bekannt. Le Corbusier nutzt diesen Angriff, um Charlotte und

Pierre in seinem Brief vom 28. Februar 1937 zu beschuldigen, sie hielten ihn für veraltet, wollten ihn an den Rand drängen und die Revolution mit ihren jungen Genossen weiterführen.

Charlotte trennt sich von Corbu und sagt ihm, wie es ihre Art ist, ins Gesicht: »Für deine Arbeit hege ich schon immer große Bewunderung, Corbu, aber für den Menschen – ich weiß nicht…« Nie wieder wird sie auf ihrem Weg einen so überkritischen und eifersüchtigen Begleiter wie ihn finden, der sie aber auch ein Jahrzehnt lang angetrieben hat, immer weiter zu gehen und ihr Fachgebiet neu zu erfinden.

Der 1939 beginnende Krieg und die Besetzung Frankreichs durch die die deutsche Wehrmacht 1940 bedeuten für viele engagierte Künstlerinnen und Künstler einen tiefen Einschnitt; für Charlotte sind sie eine Katastrophe. Nach der Unterzeichnung des deutsch-sowjetischen Nichtangriffspakts im August 1939 löst sich die Verheißung einer fröhlichen, unbeschwerten Zukunft in nichts auf. Charlotte fragt sich, wo die Ethik in der Politik geblieben ist. Was ist aus dem Fortschrittsgedanken geworden, aus der Zivilisation überhaupt?

Erst, als sie mit allem bricht – mit ihrem Land, ihren Geliebten, ihren Freunden – findet sie die Freude am Leben wieder.

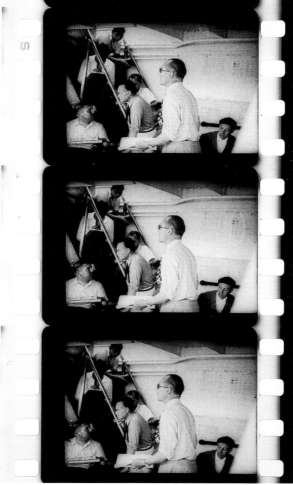

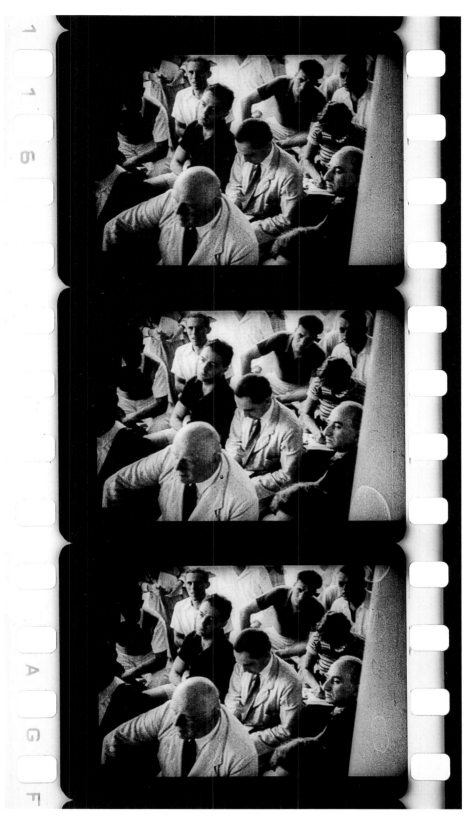

117 **Die CIAM**

Filmbilder aus *Architekturkongreß Athen*, gedreht an Bord der *Patris II* von László Moholy-Nagy. Er stellt darin das Bordleben und die Vorträge der verschiedenen teilnehmenden Architekten dar, insbesondere Le Corbusiers. Rechts assistiert ihm Charlotte bei seiner Präsentation.

**Die
CIAM**

oben rechts: Charlotte Perriand in Griechenland. Foto von Pierre Jeanneret, 1933 oben
links: Pierre Jeanneret in Griechenland. Foto
von Charlotte Perriand, 1933 unten rechts: Der
Parthenon. Foto von Charlotte Perriand, 1933
unten links: Detailansichten des Parthenon.
Foto von Charlotte Perriand, 1933 rechte Seite:
Charlotte Perriand in Griechenland. Foto von
Pierre Jeanneret, 1933

**Die
CIAM**

Detailansichten des Parthenon.
Fotos von Charlotte Perriand, 1933

**Die
CIAM**

oben links: Frau in Schwarz, Griechenland. Foto
von Charlotte Perriand, 1933 unten links: Griech-
ischer Bauer. Foto Charlotte Perriand, 1933
rechts: Charlotte Perriand in Griechenland. Foto
von Pierre Jeanneret, 1933

Die Visionärin

In den
Bergen

Charlotte Perriand, Aussicht ins Tal, um 1930

Höhenlage

Zunächst sind es die Berge, die Charlotte die Freude am Leben wiedergeben. Sie braucht das Gefühl der Ruhe und Gelassenheit, wie sie es in der Natur empfindet. Die fehlt ihr in Paris, deshalb bricht sie, wenn sie kann, am Wochenende, allein oder mit Freunden, später mit Pierre Jeanneret, zum Wandern und Klettern in die Berge auf. Sie fährt gerne Ski und ergibt sich dem Rausch der Berge, wenn man allein oder in froher Gesellschaft über makellose Hänge gleitet. Der Wintersport war damals noch kein Massenvergnügen. Jahrzehnte später wird sie als eine seiner Pionierinnen gelten.

Charlottes Tochter Pernette hat nach dem Tod ihrer Mutter im Keller zwei Schiffskoffer voller Zeitschriften und Karten aus den Bergen gefunden, die von Charlottes Wanderungen erzählen. Mit Jeanneret zusammen unternimmt sie im Sommer wahre Expeditionen. Sie wandern über einen Monat lang in 2000 bis 4000 Metern Höhe, übernachten im Schlafsack in verlassenen Dörfern und machen sich im Morgenrot wieder auf den Weg. Charlotte gehört seit ihren Anfängen als Alpinistin bis 1954 dem Club Alpin an, hat mehrere Gipfel bestiegen und – lange vor ihrer Mitarbeit am Bau von Skistationen – die künftigen Wintersportgebiete zu Fuß und auf Skiern erkundet.

Sie liebt und schätzt das Ländliche, das Einfache, und fordert ihren Körper oft bis zur Erschöpfung auf den langen Wanderungen oder beim Skifahren abseits der Pisten. Es geht ihr bei ihren Bergtouren nicht nur um die sportliche Dimension, sondern auch um den »Geist der Seilschaft«, wie ihn jüngst der gegenwärtige französische Präsident wieder beschworen hat. Eine Seilschaft vereint alle zum Gipfelsturm und genauso stellt sich Charlotte die Arbeit in der Gemeinschaft vor. Wie bei einer Bergbesteigung geht es bei einer Seilschaft darum, bis zum Schluss durchzuhalten, die Schwierigkeiten pragmatisch zu überwinden und dabei die Stärken und Schwächen der einzelnen Teilnehmer zu berücksichtigen. Die Geschlechter sind dabei – ein wichtiger Punkt – gleichberechtigt. Bei der Arbeit wie bei ihren Bergwanderungen berechnet Charlotte das Risiko, trifft ihre Entscheidungen, um die Ressourcen möglichst gut auszunutzen, und sorgt dafür, dass alle bis zum Ziel durchhalten, ohne dass sie den Gesamtzusammenhang aus den Augen verliert. Sie agiert nicht aufs Geratewohl und verstrickt sich nicht in Geschichten, die sie nicht kontrollieren kann: »Kreativität ist spontan, aber um ihre Frische zu bewahren und eine perfekte Arbeit abzuliefern, muss sie genährt werden, müssen alle Mitglieder der Werkstatt das ihre dazu beitragen. Es gibt keine Konkurrenz, bloß Synergie«, schreibt sie.

Überall, wo sie hinkommt, beobachtet Charlotte ihre Umgebung genau und beachtet die Lektionen, die vorangegangene Generationen uns mit dem, was sie hinterlassen haben, erteilen. Sie, die sich so radikal modern gibt, weiß, dass Traditionen heutige Schöpfungen befruchten können – im Gegensatz zu vielen ihrer Kollegen, die Überliefertes systematisch ablehnen. Aus dem nüchternen Baustil der Almhütten entwickelt sie

> **»Kreativität ist spontan, aber um ihre Frische zu bewahren und dabei eine perfekte Arbeit abzuliefern, muss sie genährt werden.«**

später eine eigene Ästhetik. Die bäuerliche Lebenswelt, die sie gut kennt, beruht auf der Effizienz der Bewegung in einem beschränkten Raum. So liegt die Wohnung direkt neben dem Stall, um die Arbeitswege zu verkürzen und die Stallwärme zu nutzen. Das respektiert sie.

Wenn Charlotte niedergeschlagen ist, flüchtet sie in die Berge. Das Ende des Spanischen Bürgerkriegs erlebt sie verstört und leidend. Beim Fall von Madrid im März 1939 und nachdem ihr Freund Sert nach Kuba ausgereist ist, bricht sie unruhig und orientierungslos auf, um sechs Monate in einem abgelegenen Bauernhof auf dem Plan d'Osier in der Haute-Savoie in einem Zimmer mit gestampftem Lehmboden zu leben, Wand an Wand mit dem Stall, die Kühe als einzige Gesellschaft. Man braucht nicht viel zum Leben. In diesem kahlen Zimmer findet sie langsam ihren Lebensmut wieder. Manche ziehen den Trubel der Städte vor, um sich zu erholen, aber sie sucht immer die Einsamkeit, den Rückzug, die Stille. Als sie nach Japan aufbricht, vergisst sie ihre Skier nicht und übt Abfahrtslauf an den Hängen des Fujisan.

Als sie niedergeschlagen, ohne Arbeit, ohne Diplom – seit Pétain darf sie sich offiziell nicht mehr Architektin nennen – wieder in Frankreich ankommt, kehrt sie natürlich in ihre geliebten Berge zurück. Sie reist nach Savoyen, um, wie sie in ihrer Autobiografie schreibt, »die zerrissenen Maschen des Netzes neu zu knüpfen, auf der Suche nach meinem Schicksal«.

Leider wird diese Rückkehr zu den Quellen ihrer Gelassenheit zum Kreuzweg. Den Stall findet sie verlassen vor, ihre Freunde tot oder so gealtert, dass sie Charlotte nicht wiedererkennen. Während ihres Aufenthalts erfährt sie immerhin, dass ein englischer Architekt und Bergfex namens Peter Lindsay, der sie vor dem Krieg wegen einer Zusammenarbeit beim Bau einer Bergstation angesprochen hatte, dieses Projekt jetzt mit einer neuen Gruppe von Architekten wieder aufnimmt. Sie hinterlässt Namen und Adresse. Bei der Rückkehr nach Paris ist sie noch niedergeschlagener als zuvor und weiß nicht, was aus ihr werden soll. Da erhält sie ein Telegramm: »Kommen Sie zurück. Wir erwarten Sie.« Unterschrift: Lindsay. Sie zögert keinen Moment und kehrt sofort um: Das Abenteuer von Méribel kann beginnen. Charlotte hat wieder, was sie braucht, um glücklich zu sein: Sie kann kreativ sein.

»Leben heißt, lebendig zu machen, was in uns ist.« Lindsay überträgt ihr die Verantwortung für Wohnungen in den Bergen und deren Einrichtung. Sie sieht einfache, klar gestaltete Möbel vor, inspiriert vom traditionellen Handwerk und von einheimischen Handwerkern vor Ort gefertigt. Was noch heute weltweit in schicken Berghotels Furore macht: hölzerne dreibeinige Hocker, ledergepolsterte Sessel, Bruchstein-Sichtmauerwerk – Charlotte hat es erfunden. Heute nennt

Wenn Charlotte sich für etwas einsetzt, dann total. Sie wirft ihre Zeit, ihr Können, ihr ganzes Leben in die Waagschale.

man das in den Inneneinrichtungszeitschriften Ethno-Chic. Schon 1948 übernimmt Hans Knoll, der Gründer der berühmten Möbelmarke, Charlottes Möbelentwürfe für das Chalet Le Doron in Méribel für ein Luxushotel im amerikanischen Westen, am Grand Canyon.

Charlottes Ehrgeiz ist es, den örtlichen Handwerkern in dieser künftigen Stadt im Schnee eine dauerhafte Beschäftigung zu geben. Damit sie nicht aus ihren Dörfern abwandern müssen und die Vororte der Großstädte anwachsen lassen, wo sie ihr Handwerk nicht ausüben können. Man würde das heute eine ökologisch nachhaltige wirtschaftliche Strategie nennen. Sie studiert die traditionellen Wohnräume genau und beschließt, sich der dort verwendeten Materialien zu bedienen: »Ich sah mir alle Dörfer, alle Häuser an, um es selbst nicht schlechter zu machen und auch nicht zu kopieren, aber das Wesentliche zu übernehmen. Und man kann es schaffen, weiter Avantgarde zu sein und gleichzeitig mit traditionellen Materialien zu arbeiten, unter der Bedingung, dass man sie mit den ihnen gemäßen Methoden und mit Bezug auf den Menschen bearbeitet.« Man soll diese Materialien also nicht verstecken, sondern, im Gegenteil, herausstellen. Und: sie kann sich nur vorstellen, zu bauen und künstlerisch zu schaffen, wenn sie Einrichtung, Architektur und Umgebung als ein Ganzes betrachtet.

Sie arbeitet mit den Handwerkern vor Ort und muss sich mit Materialknappheit und Beschaffungsproblemen herumschlagen. Die Baumaterialien sind noch rationiert. Um Holz aufzutreiben, nimmt sie einen Lastwagen oder einen Heukarren, fährt damit ins Dorf hinunter und sucht nach Einwohnern, die ihr früher geholfen haben und inzwischen Tischler geworden sind. Charlotte braucht viel Zeit, um zu beobachten und zu entscheiden. Bestellungen gibt sie immer erst auf, wenn es ihr gelungen ist zu erfassen, wie die Poetik des Raums und das Licht – besonders der Lichteinfall von oben, den sie besonders schön findet – optimal in Szene gesetzt werden können. Das Abenteuer in Méribel dauert zwei Jahre, während derer sie die Gruppe leitet. Sie ist für die Inneneinrichtung verantwortlich und entwickelt, wie sie es selbst nennt, eine »technique franche« (freie Technik), ausgehend von einer »architecture franche« (freie Architektur). Sie geht auf die Natur ein, indem sie sie respektiert. Der Materialmangel befeuert Charlottes Fantasie. Sie arbeitet – getreu ihrer Gewohnheit, das Traditionelle mit dem Modernen zu verbinden – mit Vergrößerungen von Entwürfen Légers, Braques und Picassos.

Leider war es dann der Profit, der sich durchsetzte. Eine Zeitlang konnte Lindsay die Vallée des Allues trotz der schlechten Wirtschaftslage und gegen den Widerstand der Départementsverwaltung schützen, aber die Investoren hatten den Wert des »weißen Goldes« erkannt. Eine Handvoll Familien, die begreifen, was für ein Glücksfall es ist, ihr Tal zum Wintersportort ausbauen zu können, bleibt am Ort. Charlotte schreibt in ihrer Autobiografie: »Bis jetzt haben sie ihre Kühe auf die Almen getrieben, um Beaufort[7] herzustellen, aber die mageren Gewinne, die die Milchkühe einbrachten, reichten als Lebensgrundlage nicht mehr aus; stattdessen werden jetzt die Touristen gemolken.« Méribel ist reich geworden, zu reich und versnobt. Vorbei sind die Zeiten der erholsamen Ruhe in den Bergen. Vorbei sind die Zeiten, in denen man Räume mit freiem Blick in die Landschaft konstruieren konnte, ohne dabei den Berghang zu verschandeln, weil die Architektur in der Landschaft begründet war.

Auch wenn Charlotte der Meinung war, dass in Méribel die Menschen Geschmack am Echten und Ursprünglichen gefunden haben, an großen Kaminen und schönem Sichtmauerwerk, die noch heute seinen Charme ausmachen, wurde aus der ursprünglichen Planung des Orts doch sehr wenig. Die Luxushotels haben die ursprüngliche Vision beschädigt und die Räume in eine Show kitschiger Dekorationskunst verwandelt. Die Kunst des Lebens ist zu einer »Disneyland«-Kunst geworden, die nur billige Aufmerksamkeit erregen will.

Charlotte verachtete die Luxus-Wintersporthotels, die ihrer Ethik so sehr widersprechen, aus ganzem Herzen. Sie hat sinnlosen Luxus, Statussymbole und eitle Zurschaustellung von Reichtum immer gehasst – alles, was unnötigerweise die Atmosphäre eines Ortes zerstört.

Wenn Charlotte sich für etwas einsetzt, dann total. Sie wirft ihre Zeit, ihr Können, ihr ganzes Leben in die Waagschale. Als sie an Lindsays Projekt in Méribel arbeitet, übersiedelt sie mit Sack und Pack dorthin. Was sie in ihrer Autobiografie verschweigt: Sie bekommt kein Honorar. Lindsay bietet ihr stattdessen an, sich ein Grundstück auszusuchen. Das lässt sie sich nicht zweimal sagen. Sie schnürt ihre Bergschuhe, wandert quer über die Almen und hält schließlich an einem sanften Abhang an, der mit Tannen und Espen bestanden ist und jeden Frühling zu einem bunten Blütenmeer wird. Sie betrachtet die Bauernhäuser der Umgebung und entwirft dann ein kleines Chalet, dessen Wände komplett verglast sind. Von einer Terrasse aus kann man dem Sonnenuntergang zusehen, das Schlafzimmer im Obergeschoss ist mit savoyardischen Kastenbetten eingerichtet, die vor Einblicken und Kälte schützen.

Ein Haus zum Leben. Ein Gehäuse. Ein durchlässiges Haus, in dem die Natur widerhallt. Ein Haus für den Tag. Ein Haus für die Nacht. Ein bescheidenes Haus, das der Landschaft Zutritt ins Innere gewährt, auch in das Zimmer mit den undurchsichtigen Fensterläden, die vor dem Werwolf schützen. Charlotte glaubt an Monster ebenso wie an Feen. Ihr künstlerisches Schaffen ist dem Traum verwandt, aber fußt auch auf einem unschlagbaren und innovativen technischen Können. So erfindet sie für dieses Chalet Doppelglasfenster, eine neuartige Methode der Wärmeisolierung.

Heute, wo Baumaterialien wieder ins Zentrum des Interesses rücken, um Häuser effizienter beheizen und beleuchten zu können, zeigt sich, was Charlottes Kunst selbst 1929 schon alles vorweggenommen hat, zum Beispiel in ihren Studien für das Minimalhaus, das sie damals mit Jeanneret

---

[7] Französischer Alpenkäse aus Rohmilch.

in der Werkstatt Le Corbusiers konzipierte. Diese Studien sind bahnbrechend für die Entwicklung von Häusern mit kleiner Grundfläche, und Charlotte wird zur Meisterin ihrer Inneneinrichtungen. 1935 entwirft sie eine Behausung, die sich mit ihrem begrünten Dach in die Natur einfügt, und 1937 eine Schutzhütte in den Bergen, deren Dach aus einem einzigen Stück besteht, das auf Pfählen ruht. Sechs Personen können hier auf nur 4 x 2 Metern Fläche einen Unterschlupf finden, und außerdem haben noch ein Ofen und eine Dusche Platz. Urlaub im Hochgebirge – damals eine ganz neue Idee – hat sie schon 1937 in einem Manifest für den fünften CIAM-Kongress vorausgesehen.

Erholung und Autonomie, das bieten uns die Berge. Dafür muss man sie aber auch respektieren und kann hier nicht einfach so weiterleben wie als Stadtmensch. 1962 stellt Charlotte eine Gruppe aus Georges Candilis, Shadrach Woods, Alexis Josic, Ren Suzuki und Jean Prouvé, anerkannte Architekten ihrer Zeit, zusammen. Sie entwerfen ein komplett horizontal angelegtes Skizentrum, mit stufenförmigen Wohneinheiten, die in die Hänge gebaut sind. Dieses für die damalige Zeit zu utopische Projekt – Charlotte hatte beispielsweise vorgeschlagen, Autos im Skizentrum zu verbieten und es durch eine Einschienenbahn mit dem Bahnhof zu verbinden, was als verrückt und kontraproduktiv abgetan wurde – wird so nie realisiert. 1966 gibt sie als anerkannte Spezialistin die Sondernummer *Construction en montagne (Bauen in den Bergen)* der Zeitschrift *L'Architecture d'Aujourd'hui* heraus und stellt darin ihr Konzept vor.

Aber erst, als die Skistation Les Arcs verwirklicht wird, ihr größtes Projekt, das über zwanzig Jahre ihres Lebens in Anspruch nehmen wird, kann man die Tiefe, die Radikalität und die Neuheit ihrer Philosophie wirklich ermessen.

Die Anlagen von Les Arcs sind nicht nur was die Besitzverhältnisse angeht eine Novität. Es geht darum, möglichst vielen Menschen das neuartige Erlebnis eines Urlaubs in den Bergen in Übereinstimmung mit der Natur zu verschaffen. Die Eigentümer der Wohnungen sollen sich an einem Aufenthalt von zwei oder drei Wochen in ihren Unterkünften erfreuen und diese den Rest des Jahres über vermieten, um die Kosten wieder einzuspielen. Arc 1600 präsentiert sich als Wintersportzentrum aus klassischen Hotels und Ferienhäusern, während Arc 1800 aus Hotels und Studios besteht, die für die Nutzung durch möglichst viele Personen maximal vereinfacht sind – so präzisiert es der Förderer des Unternehmens, Roger Godino. Charlotte nimmt an der Ausschreibung teil und erhält den Zuschlag. Das niedrige Budget regt ihre Kreativität an, wobei sie auch weiterhin auf Umweltschutz Wert legt. Es ist ein Projekt, das in vielem die Vision des Volksurlaubs aus der Zeit der Volksfront fortsetzt. Über das Prinzip ihrer Arbeit sagte sie einmal: »Der Vogel sucht sich seinen Baum oder seine Wiese, um dort sein Nest zu bauen. Wenn die Umgebung des Baums oder der Wiese nicht mehr die Ruhe oder das Nahrungsangebot bietet, die der Vogel braucht, wandert er ab, um zu überleben. Die Wohnung des Menschen hat mich über Zeit und Raum, über verschiedene Zivilisationsstufen und Denkweisen

Charlotte Perriand, Sonnenbad, um 1930

hinweg immer leidenschaftlich interessiert. Die Wohnung, solidarisch mit ihrer Umgebung. Individuelle Zelle in einem kollektiven Leben. Für die optimale Ausrichtung einer Wohnung gibt es zwei Möglichkeiten: Entweder auf die Sonne, den Himmel und die Bäume, mit einem Wort, nach außen, wenn man extrovertiert ist – eine offene Wohnung –, oder in sich abgeschlossen, verinnerlicht in ihrer eigenen Harmonie, geschaffen unter Beachtung der göttlichen Proportion.«

Alles wird also in Harmonie mit dem Selbstbild des Menschen geschaffen, eines lebenden Wesens, das zur Erholung Skilaufen geht, aber im Haus auch die Naturschauspiele außerhalb genießt. Für Charlotte harmoniert körperliche AWnstrengung durchaus mit kontemplativer Landschaftsbetrachtung.

Trotz geografischer, politischer und finanzieller Zwänge gelingt es Charlotte als Leiterin der Gruppe für Entwurf und Ausführung, ein weitgespanntes Architekturprogramm aufzubauen. Sie achtet auf umweltschonendes Bauen, erfindet Gebäude, die der Witterung trotzen und ihrer Einfachheit, Originalität und Reinheit der Materialien wegen heute Kultstatus genießen. Les Arcs gilt es zu bewahren, trotz aller regellosen Bautätigkeit rundherum, die nach dem Weggang von Charlotte und Roger Godino Einzug hielt. Zu bewahren gilt es die Poesie und Magie des Ensembles. Im Inneren eines jeden der verschiedenen Gebäude – seien es Hotelzimmer, Studios oder Wohnungen, insgesamt über 25 000 Betten entstanden zwischen 1967 und 1989 – hat Charlotte eine Beziehung zur Landschaft geschaffen.

Ihre Architektur ist nicht nur funktional, sondern auch meditativ. Als wahrhaftes Architektur-Labor bietet Les Arcs ein Gesamtkunstwerk von Bauwerken, in dem die inneren Räume zugunsten des äußeren Raums zurückgenommen sind, sie ziehen sich buchstäblich in den Berghang zurück, um die Natur möglichst wenig zu beeinträchtigen. Sie wirken wie in eine Höhle eingegraben, von der aus die Bewohner dank Erkerfenstern den Eindruck gewinnen können, in der Natur zu leben. 2003 erhielten die Gebäude das Prädikat »Architekturerbe des 20. Jahrhunderts«, aber die Innenausstattung der Wohnungen, die Charlotte auf den Millimeter genau geplant hat, ist keineswegs denkmalgeschützt. Heute ist alles verschandelt, verstümmelt, umgebaut, abgesehen von einem Studio, das einer Japanerin gehört, die sich explizit bemüht hat, den Raum so zu bewahren, wie Charlotte ihn geschaffen hat.

Heute ist es wegen der späteren Bautätigkeit schwierig, Charlottes architektonisches Ensemble zu erfassen und sich klarzumachen, welche strengen Umweltschutzregeln sie hier konkret umgesetzt hat. Nur die reichsten Kunden eines Architekten können es sich heute leisten, ihre Häuser so diskret zu gestalten, dass die Schönheit der Umgebung bewahrt wird. Charlotte hingegen arbeitete für die Massen. Sie entwarf eine möglichst kleine, voll ausgestattete Ferienwohnung für wechselnde Mieter und nahm damit die Demokratisierung des Urlaubs vorweg: Ferienwohnungen nicht als Eigentum, sondern nur mit dem Recht, sie zeitweise zu genießen. Die Reichen dagegen wollen noch die Schönheit ganz für sich und bestehen auf ausschließlichem Eigentum am Feriendomizil.

Die Natur nicht missbrauchen. Nicht den Gesetzen des Kapitalismus nachgeben. Nicht überall auf der Welt das westliche Modell kopieren. Diese Prinzipien befolgte Charlotte Perriand ihr Leben lang. Sie hat wahrscheinlich als eine der ersten das Konzept der kulturellen Diversität verteidigt, die das Welterbe bereichert, anstatt es zu homogenisieren.

Jedes Mal, wenn sie irgendwohin kommt, um ein neues Projekt in Angriff zu nehmen – ob in Brasilien oder Japan, oder in Afrika, wo sie Häuser in Brazzaville und ein Hotel in Conakry baut –, spürt sie der Kraft des Ortes nach, bevor sie mit ihrem Entwurf beginnt. Ein gutes Beispiel dafür ist ihr Widerstand gegen ein Wintersportprojekt 1983 in der Mandschurei. Sie begleitet Roger Godino, den Initiator von Les Arcs. Er ist einer Einladung gefolgt, in China sein Konzept noch einmal zu realisieren. Charlotte als Mitglied der offiziellen Delegation versammelt jedoch zunächst die Architekten des neuen Peking und wirft ihnen vor, aus der Stadt ein zweites Ostberlin machen zu wollen. Sie ignorierten bewusst die traditionelle Kunst und Bauweise und liefen stattdessen einer falschen Moderne hinterher. Dann macht sie sich – unter dem Schutz bewaffneter Wächter – auf den Weg in die mandschurischen Wälder mit ihren Tigern, Braunbären, Zobeln und Schneeleoparden. Sie merkt rasch, dass es hier im Winter so kalt wird, dass kein Schnee mehr fällt. Ein Wintersportzentrum? Macht nichts, erwidert Godino, die chinesischen Behörden werden Schneekanonen installieren. Zurück in Peking, versucht Charlotte, die Entscheidungsträger von diesem naturzerstörenden Bauprojekt abzubringen.

Die Planungen für den »Berg über dem Himmel«, mit dem das Reich der Mitte seine Eignung für die Olympischne Winterspiele beweisen wollte, wurden tatsächlich auf Eis gelegt – allerdings infolge der Wirtschafts- und Finanzkrise, die auch China nicht verschonte. Nach den Sommerspielen 2008 sollen jetzt 2022 dort die Winterspiele stattfinden.

Lebenskunst

Charlotte Perriand gab nie vor, Theoretikerin zu sein, sondern verteidigte immer ihren Pragmatismus. Dennoch hat sie, ohne es zu wissen und zu wollen, in den von ihr entworfenen Räumen eine besondere Art von Lebenskunst entwickelt. In ihren japanischen Notizheften hat sie festgehalten, was sie 1940 zu dem französischen Botschafter in Tokio sagte: »Meiner Meinung nach ist die Kunst in allem. Liebe machen ist eine Kunst... Gut kochen ist eine Kunst... Gut leben ist eine Kunst.« Charlotte war eine Meisterin der Reduktion, hat sich bewusst beschränkt, intuitiv verzichtet, alles vermieden, was ihr unnütz vorkam, so wie es Giacometti um so viel Reduktion wie möglich zu tun war.

Das Leben kann zur Kunst werden, vorausgesetzt, man bemüht sich, den Augenblick zu nutzen, seine Zeit nicht mit Nutzlosem zu ver-

**In den
Bergen**

Charlotte Perriand mit ihrer Tochter Pernette,
1947

133

In den Bergen

oben links: Charlotte Perriand beim Skifahren, um 1935 mitte rechts: Charlotte Perriand beim Abseilen, Massif des Évettes, 1927 unten links: Charlotte Perriand in der Nähe der Évettes-Schutzhütte, um 1927

**In den
Bergen**

oben: Schutzhütte am Mont Joly, Saint-Nicolas
de Véroce. Foto Charlotte Perriand, 1938 unten
links: Skifahrergruppe in den Bergen. Foto von
Charlotte Perriand, um 1930 unten rechts:
Charlotte Perriand bei der Schutzhütte am Mont
Joly fotografiert von Pierre Jeanneret, 1938

**In den
Bergen**

Charlotte Perriand in den Bergen, um 1935

schwenden – zum Beispiel mit sich ständig wiederholender Hausarbeit – und sich am Schönen zu erfreuen. Am Schönen in der Welt, aber auch in der Kunst. Ihre Architektur ist so entgegenkommend und gastfreundlich, wie sie sich als Weckruf, Anstiftung, Aufforderung versteht. Deshalb stellt Charlotte die Kunst in den Mittelpunkt ihrer Architektur. Kunst ist für sie nicht nur das, was als solche produziert wird, sondern steckt in allen Formen. Es genügt, bei einem Spaziergang im Wald oder am Strand die Augen offenzuhalten: Holzstücke, Wurzeln, Kieselsteine sind Kunst. Eine bewusste Wahrnehmung der Formen ist Voraussetzung für die Inspiration des Architekten. Innenarchitektur ist für Charlotte das Gegenteil von bloßer Dekoration. Ihr kommt es darauf an, Möbel zu entwerfen, die dem Körper angepasst sind, und gleichzeitig den Geist durch Werke der bildenden Kunst anzuregen, seien es Fresken, Gemälde, Wandteppiche, Fundstücke aus der Natur, Fotografien in verschiedenen Formaten und Kombinationen. Charlotte lädt uns unermüdlich ein, unsere Art des Schauens zu verändern und dabei ein Vokabular der Formen zu entwickeln. Für ihr Strandhaus von 1934 – von dem man sich heute wünscht, es wäre als Fertighaus erhältlich, weil es so schön, einfach und begehrenswert ist – schlägt sie vor, auf der Terrasse ein Privatmuseum mit Naturalien einzurichten, je nachdem, was dem Bewohner gefällt oder ihn interessiert. Sie nennt solche Funde »Naturskulpturen«; ihrer Meinung nach sind deren plastische und spirituelle Qualitäten denen von Künstlerhand ebenbürtig: »Neulinge tragen hier zunächst

gewöhnliche Objekte aus der Umgebung (Kiesel, Baumstrünke, Pflanzen, Binsen) zusammen, in denen eine spirituelle Dimension zu erahnen ist; das erlaubt ihnen, sich direkt auszudrücken.«

Diese Aufforderung zur Herstellung von Ready-Mades entspricht ihrer persönlichen Überzeugung: Für sie ist jeder ein Künstler, der sich nicht damit begnügt, als passiver Betrachter der Schönheit zu verharren, die von den Berufenen vorgeführt wird. Man öffne die Augen und glaube an sich selbst.

In den 1930er Jahren fotografiert Charlotte viel und benutzt ihre Kamera wie ein Skizzenbuch. Ihre Freundschaft mit Fernand Léger regt sie an, die den Gegenständen innewohnende Wahrheit zu feiern und sich mit der sogenannten »art brut« zu beschäftigen. Was sie für die Innenräume vorsieht, ist ja nicht Kunst um der Kunst willen, *l'art pour l'art*, sondern eine bewusste Stellungnahme gegen Massenware, die die Welt überschwemmt. Ein von Kritikern als solches anerkanntes Kunstwerk kann auf seinen Marktwert reduziert werden und dadurch seinen Kunstcharakter verlieren. Das begreift Charlotte sehr früh. Der Anhäufung und Ablagerung des Überflusses aus der kapitalistischen Produktion setzt sie die rohe Natur entgegen, komplexe Formen der biologischen Welt, als wertlos oder gewöhnlich betrachtete Materialien, gebrauchte Gegenstände.

Schöpfung ist untrennbarer Bestandteil des Alltagslebens. Von ihr hängt unser geistiges Wohlbefinden ab. Anlässlich der *Exposition internationale de l'urbanisme et de l'habitation*, die 1947 im Grand Palais stattfindet, stellt Charlotte die Reproduktion einer Picasso-Zeichnung, *L'Homme au mouton*, in das Schiebefenster des Prototyps von Paul Nelsons *Maison familiale minimum*. Diese Aufforderung zu einer natürlichen Ästhetisierung des Alltagslebens ist auch das Credo der Gruppe *Formes utiles* (Zweckdienliche Formen), die sie im Rahmen der *Artistes modernes* 1949 gemeinsam mit André Hermant und René Herbst gründet. Eine Ausstellung im *Musée des Arts décoratifs* vom gleichen Jahr unter dem Titel *Formes utiles, objets de notre temps* (Zweckdienliche Formen, Gegenstände unserer Zeit) wird zum Manifest dieser Bewegung, die von bloßem Funktionalismus ebenso weit entfernt ist wie von der kommerziellen Ästhetik. Das Nützliche und das Moderne können schön sein, ohne teuer zu werden. Ziel ist, im Handel nützliche Alltagsgegenstände nach folgenden Kriterien auszuwählen: Funktion, Technik, Wirtschaftlichkeit. Die Idee geht auf das Jahr 1935 zurück, als Francis Jourdain, Pionier der Moderne, mit Hilfe Charlottes in einem »Basar« Gebrauchsgegenstände versammeln wollte, die nützlich waren, aber vor allem schön. Dieser Versuch schlug fehl. Fünfzehn Jahre später sind die Voraussetzungen in wirtschaftlicher und ästhetischer Hinsicht nicht mehr dieselben: In den Zeiten des Wiederaufbaus, die vielen jungen Gestaltern eine Chance bieten, planen Hermant und Perriand jetzt den Vertrieb von Alltagsgegenständen, die von Künstlern entworfen und industriell hergestellt werden. Schöne Dinge sollen nicht länger nur in Haushalten Wohlhabender zu finden sein.

1951 schlägt Charlotte Léger vor, eines seiner Hauptwerke – *La Danse* – für die Ausgestaltung der Schauwohnung der *Unité d'habitation* in Toulon einzurichten. Bei der Konzeption der Räume der *Maison de la Tunisie* in der *Cité universitaire* arbeitet sie mit Sonia Delaunay, dem Maler Silvano Bozzolini und dem Bildhauer Nicolas Schöffer zusammen. Überall Kunst, Kunst für alle und in allen Formen; die technische Reproduktion des Kunstwerks ist keine Beleidigung des schöpferischen Akts, sondern dessen Würdigung.

Immer wieder postuliert Charlotte, das Nützliche könne schön sein und das Schöne nützlich – das, was man heute Design nennt. »Nützlich und schön sind die Formen, die die Forderungen des Materials und das Streben des Geistes in Einklang bringen.« Diese Erklärung schmückt den Eingang der Ausstellung im Pavillon de Marsan, wo Charlotte auf einem Tisch ein Geschirrservice und dahinter Flechtkörbe präsentiert. Als Leiterin der Abteilung Wohnung und Freizeit bringt sie Joan Miró, Alexander Calder, Léger und Le Corbusier dazu, ihre Werke zu zeigen, und präsentiert diese gleichberechtigt neben Wechselstromsteckern und aerodynamischen Bügeleisen. Sie legt einen weißen Sandstrand an und platziert darauf einen Flugzeugpropeller als Hommage an Marcel Duchamp.

Den Kampf für eine Moderne, die glücklich macht, verfolgt Charlotte auch mit *Art d'ha-*

Wenn sie etwas entwirft, dann immer in Beziehung zur menschlichen Gesellschaft.

biter, einer Sondernummer von *Techniques et architecture,* die 1950 erscheint. Der Text ist eine wahre Eloge auf zeitgenössische Gestalter und zeigt, dass Charlotte sich mit Designströmungen auf der ganzen Welt bestens auskennt. In diesem Sonderheft entfaltet Charlotte auch ihre Theorie zur Stadtplanung: Sie durchdenkt Funktionalitäten, Verkehrsströme sowie Wirtschaftskreisläufe und ruft zu einem neuen Städtebaukonzept auf, das von der Suche nach einem Gleichgewicht der Kräfte und von Spiritualität durchdrungen sein soll. Sie nimmt die heutige Kritik an der Konsumgesellschaft vorweg, klagt die Überflussgesellschaft an und plädiert für die Leere: »Für manche ist die Leere das Nichts oder die Armseligkeit, für andere die Möglichkeit, sich gedanklich und körperlich zu entfalten.« Für sie selbst ist Leere ein durch und durch positiver Zustand. Architektur soll ein Gefühl der Ruhe und Fülle vermitteln und – warum nicht? – die Sehnsucht nach dem Absoluten wecken.

Lebensqualität

Charlotte hat viel erfunden, viel gezeichnet, viel geträumt, viel gearbeitet – aber der Großteil ihrer künstlerischen Arbeiten wurde zerstört oder ist verschollen.

Wenn sie etwas entwirft, dann immer in Beziehung zur menschlichen Gesellschaft. Das gilt auch für ihren Kampf dafür, Frauen das Leben zu erleichtern. Das Ziel, bessere Rahmenbedingungen für den weiblichen Alltag zu schaffen, hat sie ein Leben lang beschäftigt. Die Räume, in denen sich Frauen vorwiegend aufhielten, sollten weniger einengend sein und mehr freie Zeit ermöglichen. Charlotte entwirft offene Küchen, in denen Hausfrauen an der Unterhaltung der Gäste teilnehmen können, während sie das Essen zubereiten. In diesen Küchen installiert sie praktische Möbel, mit denen sich gut Ordnung halten lässt, Regalfächer, in denen stets alles zur Hand ist. Dabei verliert sie auch die Hygiene nicht aus dem Auge, vermeidet unzugängliche Ecken, in denen sich Staub ansammelt. Zusammen mit Eileen Gray ist sie anerkannt und berühmt als eine der wenigen Frauen in der Männerdomäne der damaligen Architektur. Die Zeitschrift *Elle* »ernennt« sie 1947 in einem Sonderheft, das eine nur aus Frauen zusammengesetzte hypothetische Regierung vorstellt, zur Ministerin für Wiederaufbau. Zu den weiteren weiblichen Mitgliedern dieser Regierung gehört auch Françoise Giroud – die sechsundzwanzig Jahre später tatsächlich Kulturministerin wird! In dieser Sondernummer, die der Zukunft der Frau gewidmet ist, spricht sich Charlotte für den Neubau gesunder Wohnungen und für die Sanierung von Schulen und Krankenhäusern aus. Die Franzosen durchleben gerade eine dramatische Wohnungskrise. Die Visionärin und die Realistin verbinden sich bei Charlotte ganz natürlich. Sie weiß, wie man realistische Visionen entwickelt. Trotz aller Missverständnisse und Spannungen wendet sich Le Corbusier erneut an sie; er braucht ihre Hilfe für seine *Unité d'habitation* in Marseille, seinen ersten öffentlichen Auftrag. Die Bauherren nennen das Projekt *Cité radieuse* (Strahlende Stadt), die Kritiker *Maison du fada* (Haus der Verrückten). Es ist ein experimenteller Wohnkomplex von der Größe eines ganzen Dorfs. Auf der Baustelle häufen sich die Probleme, eine Schwierigkeit nach der anderen muss überwunden werden. »Ich verlange von dir keine Erfindungen, sondern einfach, dass du so eingreifst, wie es dir als Frau und Künstlerin entspricht«, schreibt Le Corbusier an Charlotte. Eine seltsame Forderung, die sich durch die Sachzwänge erklärt, durch den Mangel an Zeit, Baumaterial und Baugrund. Charlotte sagt zu, obwohl sie ungerne unter solchen Bedingungen arbeitet, und konzipiert Lösungen für die vorgesehenen Innenräume. Sie plädiert für »Nutzwände«, die aus Regalen, Schiebewänden, eingebauten Maltafeln für Kinderzimmer und Ordnungsfächern für Küchen bestehen, und dazu noch eine Reihe von handwerklich hergestellten Möbeln.

Wieder einmal stellt sie ihre Zeit, Energie und Kreativität zur Verfügung und setzt sie für eine neue Art des Wohnens in der Gemeinschaft ein. Für Le Corbusier ist Marseille das Ergebnis von fünfundzwanzig Jahren intensiven Nachdenkens. Charlotte ist eingeladen, das zu vollenden, was er nicht erreichen konnte. Nicht zum ersten Mal; so hat ihre Zusammenarbeit ja auch begonnen. Leider bleibt er seiner Gewohnheit treu, sich die Urheberschaft für alles selbst zuzuschreiben – ob aus Misogynie oder aus übersteigertem Narzissmus. Er reißt alles an sich, ignoriert

Charlottes Beitrag und versucht, ihre Bedeutung herunterzuspielen: So verlangt er etwa, dass das Projekt der Küchenwerkstatt nur seinen Namen trägt; Charlottes Rolle sei die einer »Übersetzerin«. Die Aufgabenteilung, die ihm für die *Cité radieuse* vorschwebt, verrät sein Frauenbild: »Die Frau ist glücklich, wenn ihr Mann glücklich ist. Das Lächeln der Frau ist ein Geschenk der Götter. Und eine zweckdienlich organisierte Küche sorgt für Frieden im Haus. Also machen Sie aus Ihrer Küche den Ort des weiblichen Lächelns! Und lassen Sie dieses Lächeln aus der Küche auf den Mann und die Kinder erstrahlen.« Für Corbu war die Frau für das Essen verantwortlich, und das Essen war die Essenz der Familie. Die Familienwohnung war mit einer winzigen Küche von zwei mal zwei Metern als Herzstück konzipiert, damit »die zwei Beine der Dame des Hauses am Abend nicht vor Erschöpfung geschwollen sind«. Die Mutter ist die Priesterin des Herdfeuers, und die Familie, Vater und Kinder, flattern um sie herum wie Vögel um die Futterstelle. Ein Traumbild wie bei Vergil, für Le Corbusier ein universelles Vorbild.

Charlottes Küche – es ist ihre Küche, auch wenn Le Corbusier sie offiziell nur als seine Beraterin bezeichnet – geht nie in Serie und bleibt Prototyp. Aber selbst für diesen Prototyp reklamiert Le Corbusier die Urheberschaft für sich! Darüber hinaus behauptet er später, für die Inneneinrichtung der Zellen in Marseille sei er in den USA inspiriert worden, während sie deutlich in den Studien und Entwurfsskizzen Charlottes zu sehen ist! In der *Cité radieuse* sind die Schiebe-

**In den
Bergen**

Bergimpressionen fotografiert von Charlotte
Perriand, um 1930

**In den
Bergen**

oben:Südansicht von Arc 1600, Architekten Charlotte
Perriand und Gaston Regairaz/AAM, 1969-1975,
Foto von Pernette Perriand Barsac unten links:
Bergimpressionen fotografiert von Charlotte
Perriand, um 1930 unten rechts: Hauptraum des
Chalets in Méribel, Gestaltung Charlotte Perriand,
Foto von Pernette Perriand Barsac, 1960/61

türen zwischen den Zimmern mit Schiefertafeln ausgerüstet – Charlottes Idee –, und die Geräte und Schränke in den Küchen wurden alle von Charlotte gezeichnet und entwickelt.

Das »Haus der Verrückten« ist ebenso sehr Charlottes Haus! Bei der Arbeit wie im Leben konnte sich Le Corbusier eine Zusammenarbeit ohne Rangordnung nicht vorstellen. Wer in einem guten Verhältnis zu ihm stehen wollte, musste sich dieser »Überlegenheit des selbsternannten Märtyrers« beugen, wie es François Chaslin in seiner hervorragenden Biografie ausdrückt. Charlotte kritisierte an Corbu sein Prophetentum und seinen grenzenlosen Hochmut. Pierre Jeanneret bricht die Verbindung zu ihm trotzdem nie ab und arbeitet später am Kapitol-Komplex im indischen Chandigarh mit. Charlotte dagegen beugt sich nicht und geht ihren eigenen Weg weiter.

Architektur des Vergänglichen

Schon früh hat Charlotte sich in ihrer Arbeit mit Obdachlosen beschäftigt, mit den Schwächsten der Gesellschaft, mit Flüchtlingen, mit all jenen, die kein Dach mehr über dem Kopf haben. Sie hat sich Zufluchtsstätten für sie ausgedacht. Architektur als Schutz. Architektur als Obdach. Architektur als Zuflucht vor der feindlichen Welt. Sie brilliert nicht im Grandiosen, sondern im unendlich Bescheidenen. Drinnen / Draußen. Drinnen, um nicht zu frieren. Doch auch das Draußen wird in die Gestaltung einbezogen: Fenster statt Mauern; statt mit Ziegeln deckt sie die Dächer mit Pflanzen. Heute, da Dachgärten weltweit in Mode kommen, sollte daran erinnert werden, dass Charlotte schon Anfang der 1960er Jahre auf den Dächern von Les Arcs Cafés eingerichtet hat. Visionär ist auch ihr Entwurf von Schutzhütten an den Hängen des Mont Joly in der Haute Savoie nach dem Vorbild der Heuschober auf den Almen. Von Architekturfirmen aufwendig renoviert, werden diese heute für teures Geld an Reiche vermietet, die es zum Entspannen zurück zur Natur zieht.

1939, als Flüchtlingsströme ganz Europa durchziehen, arbeitet Charlotte mit Pierre Jeanneret am Plan provisorischer Barackenkomplexe für Flüchtlinge und Soldaten. Sie überlegt, diese mit vorgefertigten Bauteilen zu realisieren. Damals ist das revolutionär. Auf Initiative des Piloten Jean de Gaillard de la Valdène, der mit Peter Lindsay am kurz darauf wegen der Generalmobilmachung eingestellten Projekt Méribel arbeitet, entwirft sie Schutzhütten mit Holzgerüst und Verschalung. Lindsay geht in ein Ausbildungslager nach Burma, de Gaillard de la Valdène baut das Luftfahrtministerium auf, und es ist Georges Blanchon, der in deren Nachfolge die Aufträge für diese Notkonstruktionen übernimmt, die dem Land so dringend fehlen. Charlotte plant eine Zeitlang – ebenso wie Simone Weil zur gleichen Zeit – eine Art mobile Lazarett- und Ambulanzstation für Verwundete einzurichten, glaubt dann aber, ihrem Land besser zu dienen, wenn sie das herstellen lässt, was sie seit mehr als zwanzig Jahren entwirft: Schutzhütten, die in Serie produziert werden können. Im Oktober 1939 findet sie heraus, dass die Prouvé-Werkstätten so etwas herstellen können. Sie fragt bei Jean Prouvé an, der damals noch eine Werkstatt in Nancy betreibt, ob er die Bau- und Ingenieursarbeiten übernehmen will. Es ist der Anfang einer langen Zusammenarbeit, die sich im Lauf der Zeit in Freundschaft verwandelt. Prouvé ist sofort von Charlottes Fachwissen und ihrer Effizienz eingenommen. Er beauftragt sie mit der Konzeption von zwanzig Barackenlagern, die das Militär bei ihm bestellt hat, und anschließend mit der Innenausstattung von zwei Lagern mit je fünfundsiebzig Baracken für die Armee im elsässischen Département Haut-Rhin. Auch hierbei immer auf Schönheit bedacht, bittet Charlotte ihren Freund Léger, einige der Gebäude farbig zu streichen. Er akzeptiert sofort.

Sie arbeitet außerdem an der Konzeption »mobiler Schulen« mit, die für Flüchtlinge bestimmt sind. Le Corbusier und Pierre Jeanneret haben einen entsprechenden Auftrag erhalten. Prouvé soll sie herstellen. Le Corbusier lässt die Möbel für dieses Projekt von Charlotte entwerfen. Damit ist sie im Oktober und November 1939 beschäftigt. Doch sie arbeitet mit Pierre Jeanneret auch an der Architektur dieser Schulen, wobei sie ihr Fachwissen über vorgefertigte, nach Belieben zusammensetz- und wieder auseinandernehmbare Bauteile einsetzen kann. Das Trio Perriand, Jeanneret und Prouvé funktioniert wunderbar, so gut, dass sie von ganzen Städten für die Flüchtlinge der Nachkriegszeit träumen. In seinen *Gesammelten Werken* stellt Le Corbusier die Rolle Jean Prouvés heraus, erwähnt aber weder Pierre Jeanneret – den großen Vordenker dieser temporären Architektur, Vater der Tropenhäuser und Aluminium-Sonnenschutzrollos – noch Charlotte. Die Zeichnungen von ihr, die sich erhalten haben – besonders die Ausstattung der Schlafsäle betreffend – zeigen ihr künstlerisches und politisches Engagement.

Das Schulprojekt wird nie verwirklicht, aber Charlotte arbeitet weiter für die Prouvé-Werkstätten, besonders für die SCAL-Fabrik in Issoire, als deren Architektin sie gilt, sowie für die Werkstatt Corbusier-Jeanneret, für die sie Hunderte von Studien zur Herstellung vorgefertigter Bauteile liefert. Eine anspruchsvolle Aufgabe mit sehr kurzen Lieferfristen, bei der sie Tag und Nacht arbeiten muss. Blanchon vertraut sie an: »Ich war seit acht Tagen nicht mehr vor der Tür. [...] Ich bin an meinen Zeichentisch gefesselt oder an mein Bett (sehr selten). Die Fragen der Serienherstellung von Gebäuden erfordert von uns eine ungeheure Detailarbeit.« Von all dieser Arbeit sind weder Pläne noch Bauten überliefert. Bis zu ihrer Abreise nach Japan schuftet Charlotte wie wahnsinnig. Prouvé und Jeanneret arbeiten dann ohne sie gemeinsam weiter, und als Charlotte aus dem Fernen Osten zurückkehrt, stellt sie fest, dass man sich ihrer Entwürfe einfach bemächtigt hat. Es hat die Ära begonnen, in der man à la Perriand baut – aber ohne sie.

Wohnen in Zeiten des Krieges – wie das auf sozial verträgliche Weise möglich ist, diese Frage treibt die seit jeher politisch denkende Charlotte um. In den von Le Corbusier und Jeanneret mitsignierten Plänen imaginiert sie ein friedliches

[8] Hannah Arendt, *Wir Flüchtlinge*. Mit einem Essay von Thomas Meyer. Stuttgart 2016, S. 20f.

In den Bergen

Charlotte Perriand in Méribel, fotografiert von Pernette Perriand Barsac, um 1990

Zusammenleben von durch den Krieg entwurzelten und durcheinandergewürfelten Menschen. Wie sollte man hier nicht an Hannah Arendt denken, die in *Wir Flüchtlinge*[8] schreibt: »Wir haben unser Zuhause und damit die Vertrautheit des Alltags verloren. Wir haben unseren Beruf verloren und damit das Vertrauen eingebüßt, in dieser Welt irgendwie von Nutzen zu sein. Wir haben unsere Sprache verloren und mit ihr die Natürlichkeit unserer Reaktionen, die Einfachheit unserer Gebärden und den ungezwungenen Ausdruck unserer Gefühle.«

Charlotte will diese Menschen nicht nur versorgen, sondern ihnen auch den Respekt entgegenbringen, den sie verdienen. So, wie es die Gastfreundschaft gebietet. Doch die Pläne bleiben im Projektstadium stecken.

Der Geist des Zen

Enttäuscht beschließt Charlotte, ihre eigenen Kulturen hinter sich zu lassen. Sie entscheidet sich bewusst für eine neue Lebensphase, will sich neuen Empfindungen, Gefühlen und Eindrücken überlassen, die ihre Vorstellungskraft anregen und ihr ermöglichen, neue Kraft zu schöpfen. Am Vorabend ihrer Abreise nach Japan schreibt sie an ihren Freund Jean Nicolas: »Ich breche in eine andere Zivilisation auf: in den Orient und nach Japan.«

Von dieser Zivilisation weiß sie nur wenig: Junzō Sakakura, ihr Kollege aus der Werkstatt Le Corbusiers, hatte ihr in den 1930er Jahren Kakuzo Okakuras *Buch vom Tee* zu lesen gegeben, das die Grundlagen der japanischen Denkweise am Beispiel der Philosophie einer Teezeremonie vermittelt. Dabei geht es um die Verfeinerung der Sinne, die Vollendung der Form, den Rhythmus der Bewegungen. All dies macht die Zeremonie zum Kunstwerk.

Bewunderung des Schönen. Ethik. Einfachheit. Charlotte bekennt sich begeistert zu dieser Weltsicht. Die Winzigkeit des Menschen in Beziehung setzen zur weiten Welt um ihn herum, das ist es, was sie interessiert. Noch kurz vor ihrer Abreise prangert sie den Materialismus des Westens an: »Die Realität eines Zimmers liegt im Raum, den das Dach und die Wände umschließen. Die Nützlichkeit eines Krugs besteht in dem Hohlraum, den man mit Wasser füllen kann, nicht in seiner Form oder seinem Material. Die Leere ist allmächtig.« Rasch erfasst sie, dass das cartesianische, das europäische Denken im Fernen Osten nichts gilt und dass es auch noch andere Weltsichten gibt. Sie fühlt sich in Japan sofort wohl und erklärt sich für »tatamisiert«, also ganz in die japanische Kultur integriert, immer im Wissen, dass das einer Europäerin nie vollständig gelingen kann.

Wenn man nicht weiß, wie Gegenstände gebraucht werden, kann man auch keine schaffen. In Japan werden die Gegenstände anders gebraucht als bei uns, und es gibt zum Beispiel keine Gabeln, keine Stühle, andere Küchen. Charlotte beobachtet, um zu lernen und Gesten zu deuten. Sie will etwas schaffen, aber nicht duplizieren. Ihre stärkste Inspirationsquelle ist das traditionelle

»Ich war eine Frau. Die Natur hat mich als Frau gemacht, aber ich habe mit Männern zusammengearbeitet, und ich habe meinen Teil gut gemacht.«

japanische Haus. In ihren Augen ist es ein Modell weit fortgeschrittener Standardisierung, so wie es im Westen nicht existiert. Es ist ein Haus ohne Architekten, aber mit einer unabänderlichen Grundlage. Flexibilität der Räume, Kunstgriffe, um die Räume größer erscheinen und ihre Enge nicht spüren zu lassen. Die spirituelle Dimension der Schönheit eines Papiers oder der geschickten Ausstellung eines Geröllkiesels am richtigen Platz. Alles begeistert sie. Wenn man keinen Platz hat, kann man sich welchen schaffen. Wenn man keine Aussicht hat, ebenso. Immer in Verbindung mit dem Kosmos bleiben.

Sehr rasch wird Charlotte sich der Kraft und Alltagstauglichkeit der traditionellen japanischen Kunst gewahr und zieht aus ihr ästhetische Lehren. Sie verstärken ihre künstlerische DNS, deren Feldlinien heute sehr zeitgenössisch wirken: Veränderlichkeit der Räume durch Schiebewände in einem Haus, das sich tagsüber allen seinen Möglichkeiten öffnet und nachts in sich zurückzieht; Einfachheit, die alle Schnörkel verbietet; Schönheit des Nützlichen, des Gebrauchs. Wiederverwendung, Wahrheit der Objekte, Schönheit von Strohmatten, Holz, Baumrinde, Bambus, Porzellan, Wert der Töpferei und der Korbflechterei.

Der Bezug auf die Natur, der in der Architektur der letzten zehn Jahre eine immer größere Rolle spielt, ist bei Charlotte bereits 1940 gegeben. Sie verwendet bei ihrer Gestaltung von Innenräumen beispielsweise Fundstücke aus der Natur und Landschaftsfotografien. Massenge-

fertigte, aber ästhetische Gebrauchsgegenstände machen Schönheit auch für die Allerärmsten zugänglich. Ihre Designvision akzentuiert sich: es muss nicht unbedingt Eigenschöpfung sein, die Anpassung der Moderne an die Tradition ist das Zeichen der Zeit. Dass die Räume in Japan so klein sind, bringt sie auf die Idee, stapelbare Möbel zu entwickeln – Stühle, Tische, Hocker – sowie Möbel, in denen man Sachen optimal verstauen und damit unsichtbar machen kann. Alles Dinge, die uns heute selbstverständlich vorkommen. »Die Wohnung soll nicht nur die materiellen Gegebenheiten ausnutzen, sondern auch den Menschen ins Gleichgewicht bringen und den Geist befreien«, schreibt Charlotte um 1950. Ihr Aufenthalt in Japan beschert ihr die unumstößliche Gewissheit, dass alle ernstgemeinte künstlerische Tätigkeit die Suche nach einem Einklang mit sich selbst ist, eine Annäherung an die Spiritualität.

Heute schätzt man die japanische Ästhetik weltweit: die Einfachheit der Möbel, die papierenen Lampenschirme, das Tongeschirr, die Lattengestellsofas und die niedrigen Sitze. Auch diese Mode verdanken wir Charlottes Einfluss. Sie war die Botschafterin der japanischen Kultur in Frankreich und kehrte immer wieder nach Japan zurück, wo sie bewundert wurde und zahlreiche Schüler hatte.

»Um im Übrigen mit Männern zusammenzuarbeiten, vielleicht muss man sich da richtig reinknien. Man darf sich nicht zieren.«

Ihr 1957 auf dem *Salon des arts ménagers* vorgestelltes japanisches Haus macht die japanische Kunst des Umgangs mit dem Raum und die papierbespannten Schiebewände populär. 1959 entwirft Charlotte das Tokioter Büro der Air France, dann die Zweigstelle in Osaka. Sie greift dabei zurück auf Kalligrafie und Fotografie, vereinfacht den Raum so weit wie möglich und zaubert aus den Schalterräumen Oasen der Ruhe. Noch an ihrem Lebensabend, im Jahr 1993, nimmt sie im Rahmen des japanischen Kulturfestivals in Paris an einem Wettbewerb der UNESCO für ein Teehaus teil und schafft ein philosophisch inspiriertes Stück Architektur, einen magischen Ort inmitten der Stadt, ein Fanal von Luft und Licht, einen zeitlosen Raum aus Bambus, geschützt durch ein flusswassergrünes Zeltdach. Es ist ein Wunder des Gleichgewichts zwischen dem Luftigen und dem Meditativen: das vergängliche Haus, Traum eines neuen goldenen Zeitalters, in dem alle Kulturen aufgehen.

Dieses Teehaus, der Anbetung des Unvollkommenen geweiht, soll im Inneren bewusst unvollendet wirken, sodass nur die Vorstellungskraft es vollenden kann. Als Hiroshi Teshigahara, wie sein Vater ein enger Freund Charlottes, Ikebanameister, Kunststoffgestalter und Cineast, Autor des Kultfilms *Suno no onna (Die Frau in den Dünen)*, ihr die Teilnahme vorgeschlagen hatte, antwortete sie begeistert: »Vor meinem geistigen Auge sind die weiten Weizenfelder der Beauce vorbeigezogen: eine gewundene Spur führt zu einem quadratischen, gemähten, freien Platz, oben im Azur der Ruf einer Lerche ›immer noch höher‹, im Einklang mit dem Rauschen der Getreidehalme. Ist das der ›Geist des Tees‹? Ein Traum.«

Ein Traum, der sich verwirklicht in Strukturen aus Bambus, Zeltplanen aus Mylar, wie es sonst gewöhnlich für Jachtsegel verwendet wird, in schwarzen Kieseln und spiegelndem Wasser, Balkenwerk aus Kiefernholz. Charlotte baut voller Respekt vor der japanischen Tradition eine bescheidene Zuflucht, zerbrechlich, verzaubert, in der, tritt man hinein, die Zeit stehenbleibt, der Lärm der Stadt verstummt und die Empfindungen, die auf einen einstürmen, so stark sind, dass man nie wieder hinauswill. Platons Höhle und Sinnbild des Mutterleibs zugleich, lässt dieses Kunstwerk an *Le Cyclope* in Milly-la-Forêt denken, eine Arbeit Niki de Saint Phalles und Jean Tinguelys. Charlottes lebendige Architektur in Osmose mit der Natur lebt nur ganze fünfzehn Tage in Paris, bis sie in der *Bambouseraie en Cévennes*, einem Bambushain im südfranzösischen Anduze, ihren schönen Tod stirbt.

Der Körper

Charlotte ist immer daran gelegen, einfache, zurückhaltende Interieurs zu schaffen, ohne

Überfüllung des Raums, geeignet sowohl für die Meditation wie für die Bewusstmachung des eigenen Körpers.

Charlotte isst, trinkt, feiert, singt gerne, zeigt ihren Körper, treibt Sport, geht Risiken ein, und das in einer Zeit, da Frauen, auch wenn ihr Körper nicht mehr in ein Korsett gezwängt wird, dennoch von den Normen des Anstands eingeengt sind. Charlotte hat die ersten drei Lebensjahre bei ihrem Großonkel verbracht, einem Bauern. Bauern kennen sich aus mit den Jahreszeiten, den Tieren, den Pflanzen. Das Erlebnis der Natur hat sie tief geprägt, die Füße auf der Erde und den Kopf in den Sternen. Ihr Großvater war Hufschmied, er hatte eine Violine und spielte den Jungen und Mädchen am Sonntag beim Volksfest zum Tanz auf. Sie sagt, dass er ihr die Lebensfreude beigebracht habe.

Charlotte wirkt »natürlich«, wohlgerundet, frisch, schön, anziehend, verführerisch. Sie hat keine Allüren, schämt sich ihres Körpers nicht. Und sie versucht seine Grenzen zu überwinden, indem sie intensiv Sport treibt – Skifahren, Bergsteigen, Wandern –, oft alleine, so sehr vertraut sie ihm. Zahlreiche Fotografien zeigen sie hedonistisch, sinnlich, der Sonne zugewandt – zumindest bis zu ihrer Abreise nach Japan.

Die Anforderungen der menschlichen Physis an die sie umgebende Welt – oft genug vernachlässigt bei der Stadtplanung wie in der Architektur – stehen im Zentrum ihrer Vision von ihrem Beruf. Um das zu erkennen, genügt es, sich ihre Entwurfsskizzen anzusehen für einen Tisch, einen Stuhl, eine Bibliothek, ein Bett. Mit präzisem Blick markiert sie die Größe der künftigen Benutzer und berechnet immer mit ein, wie diese ihren Körper beugen und strecken und ihre Hände benutzen. In ihrem Metier nähert man sich den Dingen taktil: Ertasten Sie einmal die Dicke des Holzes eines Ihrer Tische, heben Sie einen Ihrer Stühle hoch, die man nicht umstellen kann, ohne sich Rückenschmerzen einzuhandeln, und setzen Sie sich dagegen auf eine von Charlottes *Chaises ombres*, strecken Sie sich auf einer ihrer Matratzen aus, die nach dem Maß des menschlichen Körpers gemacht sind, machen Sie Picknick auf einer Wiese auf einem dieser niedrigen Sitze aus Stoff und Metall, kuscheln Sie sich in einen *Fauteuil grand confort* und halten eine Siesta… In der *Maison du jeune homme*, einem Projekt, das sie 1935 zusammen mit Le Corbusier und Pierre Jeanneret konzipiert, baut sie eine Wand zum Beschriften ein, Vorläufer der sprechenden Wände von 1968. In ihrer Studie eines für die Massen erschwinglichen Wohnzimmers aus dem Jahr 1936 schafft sie Raum und Licht und zeichnet Möbel, die aus Büromöbeln entwickelt worden sind und die man benutzen kann, ohne sich das Rückgrat zu brechen. Im Bauernhaus, das sie renovieren will – und das leider Projekt bleibt – baut sie die Zwischenwände aus einem alten Pächterhaus ein, öffnet das Wohnzimmer zum Esszimmer, sieht vor, dass man sich ungezwungen zwischen einem Raum und dem anderen bewegen kann, indem sie die ganze Raumeinheit beheizt, und erfindet so den Prototyp dessen, was einmal das typische Ferienhaus werden wird.

Sie sieht das immer drängendere Problem der Gentrifizierung der Städte voraus, wenn sie die Vorstellung des »Minimalhauses« entwickelt. Man kann in einem Minimum an Raum gleichzeitig in Gemeinschaft und zurückgezogen leben. Es genügt, die Bewegungsmuster vorherzusehen, seine Aufmerksamkeit auf die Proportionen der Räume zu lenken, auf ihre Durchdringung, auf die Beziehung zwischen Drinnen und Draußen. Die Idee, das Leben in einem Haus den Tageszeiten gemäß zu organisieren, könnte heutzutage neue Anwendung finden. Es genügt, auf das Licht zu achten – es soll so hell wie möglich sein – und alle notwendigen Gegenstände in Reichweite zu halten.

Charlotte, vergessen wir das nicht, war eine der Ersten, die sich vorstellen konnte, das Esszimmer zugunsten dessen, was man heute eine »integrierte Küche« nennt, ganz verschwinden zu lassen. Das Fast-Nichts ist für sie alles. Positive Gestaltung verwirklicht sich in der Anordnung des Leeren. Möbel, auf ihre Funktionalität reduziert, Versachlichung der Oberflächen: Fünfzig Jahre vor allen anderen erfindet Charlotte das Loft. Sie war außerdem eine große Vorkämpferin der Hygiene, als sie schon 1952 eine Badzelle schuf – Sitzbadewanne und Dusche in einem einzigen Block, wo man sich wäscht, bevor man ein Bad nimmt, wie in Japan, und das zu einer Zeit, als es noch zu den Seltenheiten gehörte, ein Bad zu nehmen.

Auch die Do-it-yourself-Bewegung sah sie voraus, als sie illustrierte Gebrauchsanweisungen in Frauenzeitschriften veröffentlichte: »Machen Sie es selbst oder lassen Sie es von Ihrem Tischler anfertigen, ich gebe Ihnen die Vorlage. Von einem Modell ausgehend sind unzählige Variationen möglich.« Charlotte hat etwas gegen Moden, gegen jedes ästhetische Diktat. »Ein Zuhause ist kein Museum. Dort soll es einem gefallen, und das kann es nur, wenn man das Altmodische mit dem Modernen zusammenbringt, das Handwerkliche mit dem Design, den Kastanienholzsessel, den Sie aus dem letzten Urlaub in Ariège mitgebracht haben, japanische Schalen, die Sie als Massenware im Kaufhaus erstanden haben, und die alte Kaffeemühle vom Flohmarkt.« Nur keine Einheitlichkeit.

Ihren Einfluss als Vorläuferin auch des Vintage-Trends, der seit einigen Jahren zu beobachten ist, kann man schwer einschätzen. Wir sind es inzwischen so gewöhnt, im Internet Designmöbel zu bestellen und unser Zuhause mit Möbeln und Gegenständen aus verschiedenen Stilen und Epochen einzurichten. Wir können uns kaum vorstellen, dass noch vor weniger als fünf Jahrzehnten die bürgerliche Tradition verlangte, seinen Salon und das Speisezimmer einheitlich einzurichten und das Zusammenbasteln von Möbelbausätzen eine Beschäftigung für harmlose Verrückte war. Und dann gibt es wiederum die neumodische Tendenz, sich von selbsternannten Inneneinrichtungs-Gurus für einen horrenden Stundenpreis ihren eigenen Geschmack aufzwingen zu lassen, als sei er der einzig mögliche. Sie liefern die Vertrautheit der eigenen Wohnung den bürgerlichen, abgenutzten Pseudowerten einer bestimmten Art des Neo-Chics aus, wie man ihn in Luxushotels und öffentlichen Repräsentationsgebäuden findet. Weigerung, das Neue zu übernehmen, nur weil es neu ist, Lust auf das Unbekannte, Sehnsucht nach intensiver Gegenwart, Neugier auf die Zukunft, Propagierung des einfachen Lebens – das waren stets Charlottes Leitprinzipien. Sie ist immer diejenige geblieben, die als junge Frau ihre Wochenenden mit dem Durchsuchen von Überbleibseln, Abfällen und Resten oder dem Sammeln von Treibholz am Strand von Dieppe in Begleitung Pierre Jannerets verbracht hat. Einmal haben sie Fernand Léger auf eine ihrer langen Wanderungen mitgenommen, 25 Kilometer im Regen, mit einer Flasche Calvados als Proviant. Für Charlotte ist das Leben ein ständiges Staunen und die Welt immer noch und immer neu zu entdecken. Diese Begeisterungsfähigkeit begleitet sie bis ans Ende ihres Lebens.

Der Feminismus

Charlotte hat viel für die Befreiung der Frauen getan. Sie war von Natur aus Feministin. Wie ihre Mutter hat sie sich nie ein Leben als Heimchen am Herd vorstellen können, das vom Ehemann ausgehalten wird. Ihre Mutter hat Charlotte mit achtzehn Jahren in die »Freiheit« entlassen, nachdem sie ihr die ganze Jugend hindurch eingeschärft hat, dass Freiheit durch eigene Arbeit erkauft wird. Dass sie als Frau in einem damals noch fast ausschließlich von Männern beherrschten Fachgebiet arbeitet, will sie durch besonders hervorragende Arbeit ausgleichen, und es gelingt ihr auch.

»Das Wesentliche für eine Frau ist ihre Freiheit, ihre Unabhängigkeit. Selbst zu entscheiden, was sie tut.« Charlotte wählt einen Beruf, in dem allein die Männer als Schöpfer gelten. John Ruskin, der große Liebhaber Venedigs und auf Architektur spezialisierte britische Kunstkritiker des 19. Jahrhunderts, schrieb einmal: »Bildung soll nicht der Emanzipation der Frau den Weg ebnen, sondern vielmehr der weiblichen Entsagung und Selbstverleugnung. [...] Der Mann ist vor allem Schöpfer und Verteidiger. Seine Intelligenz prädestiniert ihn für Forschung und Erfindung, seine Kraft prädestiniert ihn für Abenteuer, Krieg und Eroberung. Die Neigungen der Frau entwickeln sich dagegen auf der Grundlage einer Erhaltung des Bestehenden und nicht des Kampfes um seine Veränderung; ihre natürliche Umgebung ist das Heim, und dort ist sie die Herrscherin.«

Dennoch wurde gerade in England die erste Designschule für Frauen gegründet, nämlich 1842 in London. In Wien gab es seit 1899 eine Hochschule für Kunsthandwerk, an der sich auch Frauen einschreiben konnten. 1919, im selben Jahr, in dem das Weimarer Bauhaus seine Pforten öffnete, konnten die deutschen Frauen das erste Mal wählen. Walter Gropius beschließt, dass für den Eintritt ins Bauhaus weder Alter noch Geschlecht eine Rolle spielen sollen, nur die Persönlichkeit zählt. In den ersten Jahren ist schon ein Drittel der Studierenden weiblich. Um diesen Zustrom zu bremsen, werden Frauenquoten eingeführt; das Studium der Frauen bleibt auf bestimmte Fächer beschränkt. Gropius rechtfertigt das 1921 in einem Brief an eine Bewerberin: »Nach unse-

---

[9] Brief Walter Gropius an Annie Weil, 23.2.1921, zit. nach Katharina Hövelmann: *Bauhaus in Wien? Möbeldesign, Innenraumgestaltung und Architektur der Wiener Ateliergemeinschaft von Friedl Dicker und Franz Singer,* Wien 2018, S. 55.

ren Erfahrungen ist es nicht ratsam, daß Frauen in schweren Handwerksbetrieben wie Tischlerei usw. arbeiten. [...] Gegen Ausbildung von Architektinnen sprechen wir uns grundsätzlich aus.«[9] Auch in Frankreich war Julia Morgan, die erste Studentin am Fachbereich Architektur einer Kunsthochschule, zunächst abgewiesen worden, weil sie eine Frau war. Nachdem sie mehrere Wettbewerbe gewonnen und so ihr Talent bewiesen hatte, wurde sie zwei Jahre darauf, 1898, doch noch immatrikuliert.

Charlotte zögert keinen Moment mit ihrer Antwort, als ihr Professor, der Architekt Henri Rapin, sie fragt, was sie denn werden wolle: Architektin. Sie legt allerdings niemals ihr Diplom ab. Obwohl sie sich schon sehr früh und mit Bravour als Architektin bewiesen hat, muss sie deshalb ihr Leben lang immer wieder um Akzeptanz ringen.

Sie beweist sich als Frau in einer Männerwelt und zeigt, dass Frau zu sein sogar ein Trumpf sein kann: Sie ist näher dran am Alltag, aufmerksam noch auf das kleinste Detail. Ob Mann oder Frau, das hatte für Charlotte keine Bedeutung. Sie spielte als Kind nie mit Puppen, und ihre Mutter erzog sie nicht traditionell als Mädchen. Im Gegenteil, sie akzeptierte, wenn sie sich für das interessierte, was normalerweise eher Beschäftigungen für Jungen waren. Die Frau hat wie der Mann das Recht, den ihren Fähigkeiten gemäßen Platz einzunehmen. Und niemand darf ihr den streitig machen. »Ich war eine Frau. Die Natur hat mich als Frau gemacht, aber ich habe mit Männern zusammengearbeitet, und ich habe meinen

Teil gut gemacht. Um im Übrigen mit Männern zusammenzuarbeiten, vielleicht muss man sich da richtig reinknien. Man darf sich nicht zieren«, vertraute sie mir ein Jahr vor ihrem Tod an. Sie hat sich nie als Ausnahmefrau betrachtet. »Es ist nicht so, dass ich Sonderrechte gehabt hätte, weil ich schon so berühmt war.« Gewohnheitsmäßige Bescheidenheit der Bemerkenswerten, die einfach nicht bemerkt werden wollen…

Sie erschafft seit den 1920er Jahren für die größtmögliche Anzahl Frauen einfache, leicht zu handhabende, preiswerte Objekte und erfindet Räume, die es ihnen ermöglichen, aus der Rolle des Heimchens am Herd auszubrechen. Und sie denkt an die Kinder, bietet ihnen Beschäftigungen und Orte zum Träumen an. 1936 konzipiert sie für den *Salon des arts ménagers* ein für breite Schichten erschwingliches Wohnzimmer, in dem Frauen mit einem Minimum an Möbeln und Geschirr sich möglichst wenig mit Hausarbeit beschäftigen müssen.

Charlotte muss warten, bis sie einundvierzig ist, um zum ersten Mal wählen gehen zu können. Noch Anfang der 1960er Jahre darf sie, als sie eine große Sanierungsbaustelle am Genfer UN-Sitz leitet, kein Bankkonto unter ihrem eigenen Namen eröffnen, weil eine Ehefrau dafür die Zustimmung ihres Mannes benötigt. Das betreffende Gesetz wird erst 1965 geändert.

Charlotte ist keine fanatische Suffragette, auch wenn sie die Freiheit der Frau stets verteidigt. Ihre Tochter Pernette nimmt sich seit über zwanzig Jahren des Werks ihrer Mutter an und hat in den letzten zwanzig Jahren vor deren Tod

Der Geist des Zen

Charlotte Perriand in Japan, Foto von Jacques Martin, 1954

**Der Geist
des Zen**

**Der Geist
des Zen**

Erdgeschoss von Jacques Martins Tokioter Haus.
Foto von Charlotte Perriand, 1954

**Der Geist
des Zen**

Stapelbare Tische in einem japanischen
Restaurant. Foto von Charlotte Perriand, 1953

**Der Geist
des Zen**

oben links: In Japan. Foto von Charlotte
Perriand, 1954 oben rechts: Junge Japanerinnen.
Foto von Charlotte Perriand, 1953 unten:
Jacques Martin (links) bei der Abfahrt des
Schiffs von Théia und André Ross, Tokio.
Foto von Charlotte Perriand, 1954.

**Der Geist
des Zen**

oben links: Laden mit *ofuro* (Holzbadewannen),
Tokio. Foto von Charlotte Perriand, 1954 rechts:
Korbmacher in Tokio. Foto von Charlotte
Perriand, 1953 unten links: Straße in Hongkong.
Foto von Charlotte Perriand, 1954

mit ihr zusammengearbeitet. Charlotte hat ihre Tochter angebetet und diese Liebe wurde erwidert. In ihren Radiointerviews und in ihrer Autobiografie kommt sie mehrmals auf die Umstände von Pernettes Geburt zurück. In einem Interview mit Paule Chavasse vom Januar 1984 räumt sie ein: »Als ich mich in Indochina wiederfand, als alles zusammenbrach, denn man kann sagen, dass damals alles zusammenbrach, in den Jahren 1942/43, wollte ich Leben schaffen, aus Hilflosigkeit endlich Leben schaffen, ich habe geheiratet und wurde zu einer charmanten Apsara. Apsaras sind diese schönen Tempelfiguren in Angkor. Und in diesem Moment, habe ich da womöglich meine Freiheit verloren? Ich wurde verwundbar. Das war ich vorher nicht.« In der Erinnerung an die schwierigen Umstände von Pernettes Geburt in Indochina schildert sie in ihrer Autobiografie diese neue Rolle als Mutter und die Verantwortung, die damit verbunden ist. Sie nimmt die Argumentation von Simone de Beauvoirs *Das andere Geschlecht* auf und gibt ihrer Befürchtung Ausdruck, die Mutterrolle habe sie daran gehindert, weiter schöpferisch tätig zu sein:

»Ich hatte von einem niedlichen Baby geträumt, das hungrig an meinen weißen Brüsten trank. Ich habe dieses Bild geliebt, aber es war zu schön. Unsere Tochter kam am Tag eines Bombenangriffs zur Welt, und am Abend konnte ich sie in ihrer Wiege wimmern hören. Ich fühlte mich verantwortlich, ich war nicht mehr frei. Die Gefahren der Gegenwart wurden mir schlagartig bewusst. Mit meiner fröhlichen Sorglosigkeit war es aus. Ich erwachte in der Wirklichkeit. Und hatte ich denn überhaupt so etwas wie Mutterinstinkt?« Charlotte gehört zu den Menschen, die ständig an ihren Fähigkeiten zweifeln. Obwohl ihr Herz immer links schlägt, wird sie nie zur militanten Kommunistin; obwohl sie der Kommunistischen Partei nahesteht, hat sie nie ein Parteibuch. Sie engagiert sich intellektuell und künstlerisch für die Volksfront, ohne ihr beizutreten, auch wenn sie ihren Thesen aus ganzem Herzen zustimmt. Charlotte ist eine Bandenführerin, die eine Gemeinschaft versammeln, ausbilden und leiten kann. Das ist wahrscheinlich einer der Gründe, warum Corbu mit ihr nicht klarkommt. Er ist ein Stratege, der fest an die Leistung des Einzelnen glaubt und die Qualität und Quantität der Arbeit über ideologische Thesen stellt.

Anfang der 1970er Jahre unterstützt sie die Frauenbefreiungsbewegung MLF (*Mouvement de libération des femmes*). Als deren Gründerin, die Psychoanalytikerin Antoinette Fouque, ihr vorschlägt, das erste Kulturzentrum nur für Frauen in Paris zu entwerfen, sagt sie ohne Zögern zu. Es sollte in der Rue de Sèvres entstehen, dort, wo sich zuvor das Schwimmbecken des Hotels Lutetia befand, 1935 im Art-déco-Stil gebaut, nach dem Krieg zur Sammelunterkunft für Überlebende aus den Lagern umfunktioniert, seit 1970 für die Öffentlichkeit geschlossen. Charlotte stellt sich für diesen Ort mit seiner schmerzlichen Geschichte einen Raum vor, der dem inneren Frieden und der Lebenskunst von Frauen gewidmet ist, in dem sie unter sich sein können. Leider bleibt es bei den Skizzen; einen solchen Ort gibt es noch immer nicht.

**Der Geist
des Zen**

Im Dienst der Schönheit

Charlotte betrachtet sich ihr Leben lang als Dienende: ihres Fachs, der Unterdrückten, der Künstler und der kommenden Generationen. 1967 erhält sie das Angebot, als Dozentin an der Kunsthochschule von Besançon zu lehren. Sie sagt unter der Bedingung zu, dass sie auch als Beraterin für die Reformierung des Unterrichts dort hinzugezogen wird, den sie für völlig überholt hält. Schon in Französisch-Indochina, als sie zur Inspektorin für Kunsthandwerk ernannt wurde, nahm sie sich vor, die fünf Kunsthochschulen der Kolonie zu reformieren und auf die Schaffung von Gebrauchsgegenständen umzustellen. Alles rein Dekorative sollte dafür aufgegeben werden.

Material, Technik, Können – das ist es, was für Charlotte zählt. »Männer haben kein so deutliches Gespür dafür, was ein Haus ist; und in der Ausbildung lernen sie es nicht richtig. Sie bauen Fassaden und bilden sich viel darauf ein, sie bauen Modernismus und einen Haufen sonstiger Ismen. Aber das Leben selbst?«, schreibt Charlotte.

Es ist Claude Dodane, der Charlotte beruft. Der Direktor der Kunsthochschule von Besançon will aus seinem Institut ein Labor der Moderne machen. Charlotte ist schon immer daran interessiert gewesen, ihr Wissen weiterzugeben. Schon 1935 betrieb sie ein experimentelles Schulprojekt, verantwortete den Entwurf des *Centre de la jeunesse pour les loisirs et la culture*, eines multikulturellen Begegnungs- und Sportzentrums. 1941 unterrichtete sie in Japan und konnte auch dort ihr pädagogisches Talent einsetzen.

Als sie 1967 an der Hochschule in Besançon eintrifft, ist sie entsetzt über die altmodischen und veralteten Unterrichtsmethoden dort. Sie ermutigt die Studenten, Theorie und Praxis miteinander zu verbinden, appelliert an ihre Eigeninitiative und regt sie an, auf eigene Faust zu experimentieren. Sie etabliert das Fach Grafikkunst, mit dem Grafiker, Typografen, Architekten und Stadtplaner Pierre Faucheux als Dozenten. Auch Metallbau, Wohnungsbau und Stadtplanung setzt sie auf den Stundenplan und fordert die Studenten auf, so früh wie möglich in Unternehmen mitzuarbeiten und zu lernen, im Kollektiv tätig zu sein. Sie lässt sie mit Kunststoff und Aluminium arbeiten statt wie bisher mit Bronze und Holz. Sie vermittelt ihnen ihre Begeisterung für die gesamte Bauhausschule, für Mies van der Rohe, Adolph Loos, Walter Gropius und auch für Le Corbusier. Nach zwei Jahren guter und treuer Dienste wirft sie das Handtuch, enttäuscht über die verkalkte und bürokratische Auffassung vom Dozentenberuf an der Hochschule und zu sehr in Anspruch genommen von der Großbaustelle Les Arcs. Aber dank ihrer öffnet sich der bis dahin ausschließlich theoretische Unterricht im Fach Design auch für eine praktische Ausbildung.

1981 übernimmt Charlotte gemeinsam mit Jean Prouvé die Patenschaft für die zukünftige *École nationale supérieure de création industrielle (ENSCI-Les ateliers)*. Dank Charlotte wird Design in Frankreich zu Kunst und zu einem primären Hochschulfach erklärt. Im Jahr darauf steht sie dem internationalen Wettbewerb zur Schaffung neuer Möbel vor. Im Februar 1983 gibt der damalige Präsident François Mitterrand die Gründung der ENSCI offiziell bekannt. Die Unterrichtsgrundsätze dieser Hochschule, von Jack Lang formuliert, beruhen auf denen Charlottes, fünfzehn Jahre zuvor für Besançon entwickelt.

Ästhetik der Fundstücke

Jeder Gegenstand hat eine Präsenz, eine Kraft. Charlotte zeichnet und malt gemeinsam mit Fernand Léger – ihrem *compañero*, mit dem sie gerne frühstückt, um zu sehen, wie ihm sein Milchkaffee einen Schnurrbart ins Gesicht malt – Kleinigkeiten wie eine Nuss, einen Apfel, ein zerknülltes Taschentuch. Mit Pierre Jeanneret verbringt sie ihre Wochenenden auf der Suche nach gebrauchten, weggeworfenen Sachen, ob Treibgut am Strand von Dieppe oder Abfälle in den Industriegebieten. Sie durchstreifen die Umgebung von Paris und entdecken die Schönheit aufgegebener Fabriken in den Vorstädten, gepresste Ballen aus Blech, Schrott – Schönheiten, die sonst niemandem auffallen. Diese *Art brut* findet Charlotte kraftvoll, prächtig, ausdrucksvoll, ohne Schnörkel, unmittelbar. Sie ist eine Sammlerin der Schönheit, eine Sammlerin im Sinne der genialen Agnès Varda, die in ihrem Filmmanifest *Les glaneurs et la glaneuse (Die Sammler und die Sammlerin)* sagt: »Wenn man nichts hat,

»Ich bin gar keine Architektin, schon gar keine Designerin, ich bin Erfinderin. Um ehrlich zu sein, weiß ich nicht, wie ich mich definieren soll. Wenn man mich fragen würde, was ich bin, wüsste ich nicht, was ich darauf antworten soll…eine Künstlerin vielleicht, aber davon verstehe ich nichts.«

erhebt man sein Leben zur Besonderheit.« Varda, Perriand – derselbe Kampf. Beide feiern die Kunst der Graffiti. Beide haben die entlegensten Winkel auf der ganzen Welt durchstöbert, Industriegebiete ebenso wie Feldraine, um die Schönheit der Welt zu verstehen. Beide haben ihre Zeit damit verbracht, die Welt mit ihren Kameras einzufangen. Beide haben für das Gemeinwohl gearbeitet, damit das Leben ein Gemeingut bleibt, damit das Gewebe der Gesellschaft nicht zerreißt und unser Horizont sich erweitert.

Charlotte hat immer wieder gesagt, man benötige einen weiten Horizont. Es ist ihr nicht nur gelungen, aus Alltagsgegenständen und den Abfällen unserer Industriegesellschaft eine eigene Ästhetik zu schaffen, sondern auch, als Fotografin diese Gegenstände zu vergrößern und sie als Elemente der Kunst in organischen Zusammenhang mit der Einfachheit ihrer Wohnentwürfe zu stellen.

»Nein, ich bin keine Architektin, aber ich liebe die Architektur, und ich bin darin ausgebildet. Designerin – nein, weil ich immer von einer bestimmten Umgebung ausgehe, ich erschaffe keinen Gegenstand um seiner selbst willen, ich erschaffe nur das, was ich brauche. Randständig, das bin ich.«

Die eigene Epoche erfinden

»Tradition bedeutet, immer wieder neu die eigene Epoche zu erfinden«, sagt Le Corbusier. Ach Charlotte hat nie aufgehört, ihre Epoche zu erfinden. Als ich sie im Juni 1998, als sie mit fünfundneunzig Jahren ihre Autobiografie veröffentlicht hatte, fragte, wie sie sich ihre Jugendlichkeit bewahrt habe, ihre Unbefangenheit und Spontaneität, erwiderte sie: »Ich bin im Geist jung geblieben. Ich bin gar keine Architektin, schon gar keine Designerin, ich bin Erfinderin. Um ehrlich zu sein, weiß ich nicht, wie ich mich definieren soll. Wenn man mich fragen würde, was ich bin, wüsste ich nicht, was ich antworten soll… eine Künstlerin vielleicht, aber davon verstehe ich nichts. Nein, ich bin keine Architektin, aber ich liebe die Architektur, und ich bin darin ausgebildet. Designerin – nein, weil ich immer von einer

bestimmten Umgebung ausgehe, ich erschaffe keinen Gegenstand um seiner selbst willen, ich erschaffe nur das, was ich brauche. Randständig, das bin ich.«

Diese Randständige, die sich in mehreren Fachgebieten auskannte, ohne sich einem davon ganz zu verschreiben, bezeichnete sich immer wieder als »Handwerkerin«, nahm Aufträge an und erschuf, was bestellt wurde. Im Lauf der Zeit, und ohne dass es ihr unbedingt bewusst geworden sein muss, hat sie mit dem Sammeln von Erfahrungen bestimmte Strukturen ausgebildet, auf die sie sich immer wieder neu beziehen, die sie neu kombinieren konnte, ohne sich je zu wiederholen. Sie, die immer wieder die Zusammenarbeit in einer Gemeinschaft von Fachleuten anstrebte, verstand sich nie wirklich als Künstlerin, nur als ein Glied in der Kette. Zweifelsohne deshalb ist sie so erstaunt, als ihr 1985 das *Musée des Arts décoratifs* eine eigene Ausstellung widmen will. Prompt möchte sie, die immer alles im Griff haben muss, sie selbst kuratieren. »Vor einem schönen weißen Blatt Papier wäre ich gerne nochmal zwanzig«, schreibt sie am Ende des Jahres aus diesem Anlass.

Die Ausstellung erzählt von den vielfältigen Fähigkeiten Charlottes und rückt auch ihre vielen Reisen ins Licht, die vom Verständnis für andere Kulturen geprägt waren. Für viele, die noch nie oder nur sehr ungefähr von Charlotte

Perriand gehört hatten, war die Ausstellung eine Offenbarung. Charlotte war das egal. Es drängte sie nicht ins Rampenlicht. Sie hasste den Ruhm, die Anerkennung, die Retrospektiven. Sie zog sich lieber zurück, um ungestört zu arbeiten. Als militante Vorkämpferin der Kargheit, der Vereinfachung, der Einfachheit als Prinzip, arbeitete sie bis zum letzten Atemzug daran, sich ihrer Idee der Schönheit anzunähern. »Würde man denn versuchen, gleichzeitig mehrere Musikstücke zu hören?«, fragt Kakuzo Okakura in seinem *Buch vom Tee*. Charlottes Werke haben unsere Wahrnehmung des Raums verändert. Würde man denn versuchen, sich seine Wohnung vollzustopfen, um sich darin wohlzufühlen?

1989 leitet Charlotte die Renovierung der Galerie Louise Leiris und arbeitet dabei mit ihrer Tochter Pernette zusammen. Ihr Auftrag: Das Interieur komplett erneuern, ohne dass man eine Veränderung bemerkt. Sie erfindet technische Verbesserungen, die unsichtbar bleiben, darunter ausgeklügelte Fenster, setzt das natürliche Tageslicht in Szene, und unter den Sitzbänken installiert sie Klimaanlagen. Sie will der Schönheit dienen, ganz allein der Schönheit. Als exzellente Problemlöserin bei technischen Herausforderungen und ungewöhnlichen Aufgaben widmet sie sich weiterhin der Forschung und Entwicklung; und auch das letzte Drittel ihres Lebens wird fruchtbar und innovativ. Wie Louise Bourgeois, die arbeitete, so lange und so viel sie nur konnte, zeichnet, erfindet, entwirft Charlotte unentwegt. Während ihres ganzen Lebens – davon hat man sich bei der Retrospektive im *Centre Geor-*

ges-Pompidou überzeugen können – wiederholt sie sich nie, geht mit jeder Erfindung ein neues Risiko ein und ruht sich nie auf dem aus, was sie bereits erreicht hat.

Beleg dafür sind Hunderte Skizzen, die sie von 1993 bis 1996 für eine neue Wohnung angefertigt hat. Als sie neunzig Jahre alt ist, werden nämlich in ihrem Stockwerk 40 Quadratmeter frei, und sie nutzt die Gelegenheit und entwirft in über dreihundert Zeichnungen im Spätherbst ihres Lebens eine Wohnung für sich selbst ganz nach ihren eigenen Vorstellungen. Man braucht nicht viel Platz, um sich zuhause wohl zu fühlen, das hat sie schon immer gepredigt. Jetzt setzt sie es für sich selbst um: Um möglichst viel Raum zu schaffen, verzichtet sie auf alle nichttragenden Wände, verbindet die Zimmer, minimiert die Verkehrswege, indem sie Möbel schafft, die viele Funktionen in sich vereinigen – sitzen, sich unterhalten, essen –, lässt Schiebetüren einbauen und möglichst viel Oberlicht in die Räume, sorgt aber auch dafür, dass man es bei Bedarf dämpfen kann, lässt die Wände mit weißem Holz täfeln, um sie in Schwingung zu versetzen, verwandelt die Terrasse in einen Ort der Meditation und schafft ein Obdach unter freiem Himmel mitten in Paris, das viel größer wirkt, als es in Wirklichkeit ist.

Sie gibt sich nie mit dem zufrieden, was sie bereits kann, und nimmt sich immer wieder neue Materialien für ihre Arbeiten vor. Das Alter ist für sie Aufforderung, über sich hinauszuwachsen, sich in Frage zu stellen, überhaupt alles in Frage zu stellen.

165

Nachwort

**Die Rückkehr
zur Natur**

Charlotte Perriand am Strand bei Dieppe.
Foto von Pierre Jeanneret, um 1934

Charlotte belastet sich nicht mit Vergangenem. Mit fünfundneunzig Jahren sagt sie: »Ich bin nicht fürs Zurückschauen. Was vorbei ist, ist für mich vorbei, und was zählt, ist vorwärts zu schauen und für eine gute Zukunft zu sorgen. Wenn man Umwege in die Vergangenheit macht, verliert man nur Zeit und kommt nicht voran. Ich grübele nicht über meine Fehlschläge nach. Die liegen hinter mir, sind vorbei, und das ist gut so. Darüber sollte man froh sein. Das ist vergangen und vergessen.«

Charlotte glaubt an die Jugend. Charlotte glaubt, dass man im Leben nie aufgeben darf, sondern immer weiterkämpfen muss. Charlotte glaubt, dass alles zum Kunstwerk werden kann – selbst eine angebrochene Flasche Wasser, wenn man eine Blume hineinstellt. Sie liebte Blumen, verschönerte damit ihre Wohnung, trug sie im Haar.

Geblieben ist von Charlotte nur der winzige sichtbare Teil eines ganzen künstlerischen Erdteils, der versunken ist. Das Erhaltene verdanken wir der geduldigen und genauen Restaurierungsarbeit ihrer Tochter Pernette gemeinsam mit Jacques Barsac, der mit seinen Büchern zum Leben erweckt, was Pernette konserviert. Charlotte lenkte keine besondere Aufmerksamkeit auf ihr eigenes »Werk« wie gesagt, leider ein häufig zu beobachtender Zug bei schöpferischen Frauen. Wenn nur die Arbeit voranging, das genügte ihr. Wie sie mir ein Jahr vor ihrem Tod lächelnd anvertraute: »Ich mache die Sachen um der Sachen willen, aber ich nehme sie nicht wichtig. Wie viele Entwürfe ich schon wieder verworfen habe, das ist Wahnsinn. Aber wenn etwas fertig ist, dann macht man eben mit etwas anderem weiter.«

Am Ende ihres Lebens sah sie die Entwicklung ihres Jahrhunderts mit kritischem Blick und prangerte das Zeitalter der Gewinnsucht an, in dem das Geld, das doch zu Beginn nur Tauschmittel für echte Waren war, selbst zur Ware geworden ist. Sie wehrte sich gegen einen Kapitalismus, den sie als zu hart empfand, der keine Kultur hervorbringen kann. Sie erinnerte sich, ohne Wehmut, eher mit Erstaunen, an die Jahre vor und nach dem Regierungsantritt der Volksfront, als sie und ihre Freunde sich nicht um Geld kümmerten, auch wenn sie oft kaum wussten, wovon sie leben sollten. Wichtig war nur, sich auszudrücken. In dieser Zeit glaubte sie, dass die Mechanisierung den Menschen von der Last schwerer Arbeit befreien würde, dachte sie, dass die neuen Fabriken die Paläste der Arbeiter würden, ohne zu ahnen, dass Menschen durch Roboter ersetzt werden würden und die Mechanisierung sich als eine Ursache für Arbeitslosigkeit und Armut erweisen würde. Am Ende ihres Lebens nahm sie die Kritik John Maedas vorweg, des Dozenten, Forschers, Künstlers und »totalen Designers«, der als Direktor der berühmten *Rhode Island School of Design* in Providence (die Charlotte den Titel eines Ehrendoktors verlieh) vor etwa zehn Jahren zurückgetreten ist, weil er sich nicht mehr in der Lage sah, als Lehrer mit dem schnellen Wandel der Welt mitzuhalten. Seitdem verbringt er seine Zeit damit, die digitale Revolution zu beobachten, die wir gerade erleben, und appelliert an die kollektive Intelligenz der Künstler, Forscher und allgemein aller Bürger, ein Gegengewicht zur verzerrten und pervers irrationalen Logik der künstlichen Intelligenz zu bilden.

Charlotte, kämpferisch in ihrem Glauben an die Zukunft und ein demokratischeres Morgen, hielt den Aufstand gegen die Ungerechtigkeit für einen Grund zur Hoffnung: »Doch, man muss immer etwas zerschlagen. Heute ist es genauso. Die neuen Technologien bringen einen absoluten Umbruch, und das 21. Jahrhundert wird eine ganz neue Zivilisation. Man weiß schon, dass sie kommt, aber noch nicht, wie sie aussieht. Wir leben eigentlich noch im 19. Jahrhundert.«

Als Beobachterin des Untergangs unserer alten Welt und Kritikerin der Globalisierung, die das Verschwinden »des normalen Lebens« feststellen musste, beunruhigte sie, dass niemand über die Folgen nachdachte. Sie schlug die Aufstellung kleiner fachübergreifender Gremien aus Architekten, Soziologen, Wirtschaftswissenschaftlern, Informatikern und Politikern vor, um eine neue Lebensweise zu schaffen, die es uns ermöglicht, in dieser neuen Welt zu überleben.

»Ich habe mich immer bemüht, glücklich zu sein, so habe ich manches überstanden.« Sie arbeitet bis zum Schluss. Wenige Tage vor ihrem Tod korrigiert sie noch den Prototyp eines Sitzes, den die NASA aus einem neuen Material fertigen lässt, um den Astronauten eine bequemere Haltung zu ermöglichen. Sie, deren Leitspruch es

Charlotte glaubt an die Jugend. Charlotte glaubt, dass man im Leben nie aufgeben darf, sondern immer weiterkämpfen muss. Charlotte glaubt, dass alles zum Kunstwerk werden kann.

war, mit den Füßen auf der Erde und dem Kopf in den Sternen zu leben, verabschiedet sich nur kurze Zeit, nachdem ihr Buch erschienen ist, für immer. Es ist ihrer Enkeltochter gewidmet.

1995 verleiht das *Brooklyn Museum* Charlotte den Preis für ihr Lebenswerk im Bereich der Inneneinrichtung. 1996 erhält sie die Ehrendoktorwürde des Londoner *Royal College of Art* und erscheint zur Verleihung unter dem Beifall der Studenten im Talar — unter dem sie bequeme Turnschuhe trägt. Doch im Grunde distanziert sie sich von diesem »Getöse der Ehrungen« — eine Formulierung Jean Cocteaus, den sie gerne zitiert hat. Ihr geht es mehr um Aufmerksamkeit für Pierre Jeannerets Werk, der in ihren Augen verkannt und unterschätzt wird, und um das Andenken Le Corbusiers, der aus politischen Gründen missachtet wird.

Seit vier Jahren veranstaltet das Pariser Kunstauktionshaus Artcurial regelmäßig zur FIAC, der Internationalen Messe für Moderne Kunst, eine Design-Verkaufsausstellung zu einem bestimmten Thema. 2017 gilt sie alleine einer einzigen Frau: Charlotte Perriand. Die Auktion unter dem Titel *Charlotte for ever* findet an ihrem Geburtstag statt. Artcurial erzielt dabei drei neue Weltrekorderlöse für diese Künstlerin. Charlottes Kurswert

»Was vorbei ist, ist für mich vorbei, und was zählt, ist vorwärts zu schauen und für eine gute Zukunft zu sorgen. Wenn man Umwege in die Vergangenheit macht, verliert man nur Zeit und kommt nicht voran.«

steigt also? Das schon, aber wirklich anerkannt wäre sie erst, wenn die Spur, die sie hinterlassen hat, deutlicher gemacht würde und ihr Name in den Büchern stünde. Sie hat wirklich genug dafür getan. Zwar hat ihr Einsatz für die Schönheit sie davor bewahrt, sich selbst allzu ernst nehmen, aber dass sie an ihrem Lebensabend doch noch eine Autobiografie geschrieben hat, zeigt, dass sie ihre Ziele und ihre Philosophie weitergeben wollte.

Ihre Tochter Pernette hat Charlottes Archiv geerbt, eine wahrhafte Goldgrube, wenn man erforschen will, wie in der ersten Hälfte des 20. Jahrhunderts eine junge Frau, freiheitstrunken, unbedingt risikobereit und beseelt vom Glauben an den Fortschritt, anfängt, ihre Träume zu verwirklichen. Sie hat unsere Raumwahrnehmung verändert und zeigt uns heute noch den inneren Weg in eine Welt des Reinen, Einfachen und Schönen.

Charlotte for ever.
Ihre Leistung ganz zu würdigen, steht noch aus.

171

**Die Rückkehr
zur Natur**

Robinienscheite, Wald bei Fontainebleau.
Foto von Charlotte Perriand, 1933

Bibliografie

Charlotte Perriand. Eine Kunst des Lebens, cat. exp., Paris, musée des Arts décoratifs/Flammarion, 1985

Roger Aujame, Pernette Perriand-Barsac (dir.), Charlotte Perriand, Gebirgsnotizbuch, Éditions Maison des Jeux olympiques d'hiver, Albertville, 2007, rééd. 2013

Jacques Barsac, Charlotte Perriand und die Fotografie. Das fächerförmige Auge, Milan, 5 Continents Éditions, 2011

Jacques Barsac, Charlotte Perriand und Japan, Paris, Norma Éditions, 2008, rééd. 2018

Jacques Barsac, Charlotte Perriand. Sämtliche Werke, Band 1 (1903-1940), Paris, Norma Éditions, Paris, 2015

Jacques Barsac, Charlotte Perriand. Sämtliche Werke, Band 2 (1940-1955), Paris, Norma Éditions, 2015

Jacques Barsac, Charlotte Perriand. Sämtliche Werke, Band 3 (1956-1968), Paris, Norma Éditions, 2017

Jacques Barsac, Charlotte Perriand. Sämtliche Werke, Band 4 (1968-1999), Paris, Norma Éditions, Paris, 2019

Jacques Barsac, Sébastien Cherruet (dir.), Die neue Welt von Charlotte Perriand, cat. exp., Paris, Fondation Louis Vuitton/Gallimard, 2019

Pierre Favardin, Dekorateure der 1950er Jahre, Paris, Norma Éditions, 2016

Mary McLeod (dir.), Charlotte Perriand: Eine Kunst des Lebens, New York, H. N. Abrams/ The Architectural League of New York, 2003

Arthur Rüegg, Charlotte Perriand. Logbuch 1928-1933, Paris, Infolio, 2006

Marion Vignal, Designerinnen. Ein Jahrhundert voller Kreationen, Paris, Aubanel, 2009

Mit Ausnahme der Korrespondenz und Interviews mit Laure Adler sind die Zitate von Charlotte Perriand im gesamten Buch entnommen aus: Charlotte Perriand, Ein Leben der Schöpfung, Paris, Odile Jacob, 2005.

Bildnachweis

links: Charlotte Perriand mit einem Freund an einem Strand in der Normandie, um 1932

**Die Rückkehr
zur Natur** Feuersteinknolle.
Foto von Charlotte Perriand, 1933

**Die Rückkehr
zur Natur**

Charlotte Perriand in einem Margeritenfeld.
Foto von Pierre Jeanneret, um 1934

**Die Rückkehr
zur Natur**

Fresko und Tischplatte aus Marmor im Vortrags-
und Speisesaal des Schweizer Pavillons der
Cité universitaire internationale, Paris.
Entwurf Le Corbusier, Pierre Jeanneret und
Charlotte Perriand, 1933

**Die Rückkehr
zur Natur**

oben: *Tôles compressées II*. Foto von Charlotte
Perriand und Pierre Jeanneret, um 1935
unten: Metallbeschläge. Foto von Charlotte
Perriand und Pierre Jeanneret, 1933

**Die Rückkehr
zur Natur**

rechte Seite: Charlotte Perriand am Strand.
Foto von Pierre Jeanneret, um 1934 oben:
Charlotte Perriand, um 1934 unten: Charlotte
Perriand spielt Akkordeon. Foto von Pierre
Jeanneret, um 1934

**Die Rückkehr
zur Natur**

Charlotte Perriand mit einem Treibholzstück.
Foto von Pierre Jeanneret, um 1934

**Die Rückkehr
zur Natur**

oben rechts: Charlotte Perriand am Strand bei
Dieppe, um 1934 unten links: Charlotte Perriand
am Strand, um 1930

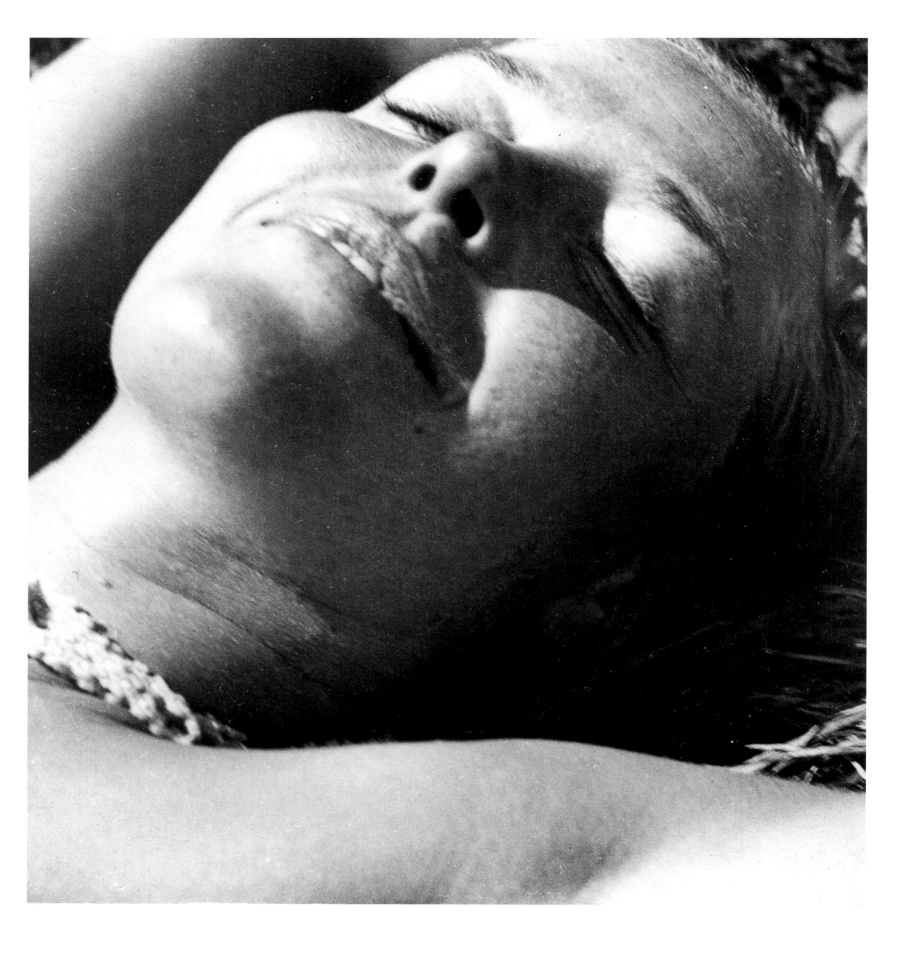

**Die Rückkehr
zur Natur**

Charlotte Perriand.
Foto von Pierre Jeanneret, um 1934